MATTHIAS HAMMER

MICRO HABITS

MATTHIAS
HAMMER

MICRO
HABITS

Wie Sie schädliche
Gewohnheiten stoppen
und gute etablieren

mvgverlag

Bibliografische Information der Deutschen Nationalbibliothek
Die Deutsche Nationalbibliothek verzeichnet diese Publikation in der Deutschen Nationalbibliografie.
Detaillierte bibliografische Daten sind im Internet über http://d-nb.de abrufbar.

Für Fragen und Anregungen
info@mvg-verlag.de

Wichtiger Hinweis
Dieses Buch ist für Lernzwecke gedacht. Es stellt keinen Ersatz für eine individuelle medizinische Beratung dar und sollte auch nicht als solche benutzt werden. Wenn Sie medizinischen Rat einholen wollen, konsultieren Sie bitte einen qualifizierten Arzt. Der Verlag und der Autor haften für keine nachteiligen Auswirkungen, die in einem direkten oder indirekten Zusammenhang mit den Informationen stehen, die in diesem Buch enthalten sind.

Originalausgabe
1. Auflage 2019

Nymphenburger Straße 86
D-80636 München
Tel.: 089 651285-0
Fax: 089 652096

Redaktion: Diane Zilliges
Umschlaggestaltung: Isabella Dorsch
Umschlagabbildungen: Shutterstock.com/ChoChe
Satz: ZeroSoft, Timisoara
Druck: CPI books GmbH, Leck
Printed in Germany

ISBN Print 978-3-7474-0107-1
ISBN E-Book (PDF) 978-3-96121-453-2
ISBN E-Book (EPUB, Mobi) 978-3-96121-454-9

Weitere Informationen zum Verlag finden Sie unter

www.mvg-verlag.de
Beachten Sie auch unsere weiteren Verlage unter
www.muenchner-verlagsgruppe.de

Inhalt

Einleitung

Schätzen Sie einmal, wie viele Prozent Ihres täglichen Verhaltens Gewohnheiten sind. Gewohnheitsforscher haben herausgefunden: Es sind 43 Prozent. Dabei sind viele gedankliche Gewohnheiten noch nicht einmal mitberücksichtigt. Doch bleiben wir bei der Zahl: Fast die Hälfte Ihres täglichen Verhaltens verrichten Sie automatisch und nahezu unbewusst, und das Tag für Tag. Ihre Essgewohnheiten sind zumeist hoch automatisiert. Mit welchem Fuß Sie als Erstes aufstehen, in welcher Reihenfolge Sie morgens im Bad beim Waschen und Zähneputzen vorgehen – Gewohnheit. Was und wie viel Sie zum Frühstück essen – Gewohnheit. Auch vieles, was Sie denken, ob Sie sich morgens gleich sorgen oder grübeln – Gewohnheit. Wann und wie oft Sie Ihr Handy checken – Gewohnheit. Läuft der Fernseher oder nicht – Gewohnheit. Ob Sie mit der S-Bahn, dem Fahrrad oder dem Auto zur Arbeit fahren – Gewohnheit. Wie und womit Sie bei der Arbeit beginnen – Gewohnheit. So könnten Sie die Liste für den Ablauf des Tages gedanklich fortsetzen. Sie würden auf ganz einfache Gewohnheiten stoßen wie beim Autofahren das Schalten vom dritten in den vierten Gang, und komplexere Gewohnheiten, die sich beispielsweise durch die Nutzung Ihres Smartphones gebildet haben.

All das bleibt nicht ohne Folgen. Wann und wie oft Sie auf Ihr Handy schauen, beeinflusst Ihre Beziehungen, Ihre Zufriedenheit im Leben und Ihre Leistungs- und Konzentrationsfähigkeit. Ihre Essgewohnheiten bestimmen, wie viel Gewicht Sie auf die Waage bringen und wie gesund Sie sich fühlen. Ihre Bewegungsgewohnheiten bestimmen, wie fit Sie sind. Wie viel Alkohol Sie trinken, wie viel Sie rauchen, bestimmt über Ihre Prognosen für das Älterwerden. Ihre Arbeitsgewohnheiten haben einen wichtigen Einfluss auf Erfolg oder Misserfolg. Und unsere täglichen Konsum- und Fortbewegungsgewohnheiten bestimmen, wie sehr wir der Natur nutzen oder schaden. Der CO_2-Verbrauch jedes Einzelnen ist vor allem durch Lebensstil und Gewohnheiten geprägt. Gewohnheitsmäßiges Shoppen, Spielen oder Trinken kann zur Sucht werden. Vermeidungsgewohnheiten – also Dinge, die wir nur tun, um etwas anderes nicht tun oder erleben zu müssen – können in Zwangs- und Angststörungen münden, und intensive Grübeleien machen uns depressiv.

Unbemerkt und doch so mächtig

Meist bemerken wir gar nicht richtig, was wir den ganzen Tag über tun. Gewohnheiten sind ein bisschen so wie die Tapete an der Wand oder das Regal in der Ecke. Sie sind so alltäglich, dass wir sie gar nicht mehr bemerken. Dazu passt ein Witz: Zwei junge Fische begegnen einem alten Fisch. Der Alte sagt: »Guten Morgen, wie ist das Wasser heute?« Die beiden jungen Fische schwimmen weiter und schauen sich an: »Was zum Teufel ist Wasser?«[1]

So wie das Wasser für die Fische sind für uns die Gewohnheiten. Und das hat auch seine Vorzüge. Wenn eine Gewohnheit die Führung übernimmt, müssen wir nicht mehr bewusst entscheiden. Gewohnheiten sind treue, stille und unsichtbare Begleiter, die uns viel Energie ersparen. Was wir gewohnheitsmäßig steuern, hilft uns, dass wir den Kopf frei haben für andere Dinge. Das ist sehr erleichternd.

Allerdings gibt es hier auch eine Kehrseite – oder sogar mehrere, wie Sie sicherlich wissen, wenn Sie dieses Buch gekauft haben. Denn wahrscheinlich gefällt Ihnen einiges an Ihren Gewohnheiten nicht mehr, sodass Sie sie verändern möchten. Das ist nicht so ganz leicht –

aber es ist möglich. Ich stelle Ihnen dafür im zweiten Teil des Buches fünf konkrete Micro-Habit-Schritte vor, wie Sie neue wertvolle Gewohnheiten etablieren und alte Gewohnheiten verändern können.

Dass Gewohnheiten unsichtbar, unbewusst und automatisch ablaufen, macht sie nicht zuletzt auch sehr interessant für andere. Wer unsere Gewohnheiten kapert, bekommt eine große Macht über unser Leben. Er kann uns Produkte verkaufen, die wir vielleicht gar nicht benötigen, er kann sich Zugang zu unseren Daten verschaffen, um uns in seinem Sinne zu manipulieren. Er kann unsere Meinung prägen, ohne dass uns dies immer so klar bewusst wird. Die Wirtschaft hat die Macht der Gewohnheit längst entdeckt – und wir wundern uns oft über unser eigenes Verhalten. »Eigentlich will ich doch gar nicht.« Wenn ein Unternehmen es schafft, dass wir seine Zahnpasta, seine App oder sein Computerspiel gewohnheitsmäßig nutzen, dann bedeutet das langfristigen Gewinn. Deshalb sitzen in vielen Unternehmen Spezialisten, die das Ziel verfolgen, unsere Gewohnheiten und die unserer Kinder wie ein Schiff zu kapern, um sie in die gewünschte Konsumrichtung zu lenken. Dabei ist es wirtschaftlich orientierten Unternehmen meist egal, ob die Produkte gute oder ungesunde Gewohnheiten erzeugen, ob sie also zu unserem Schaden oder Nutzen sind oder uns sogar süchtig machen.

Bezogen auf die Nutzung neuer Technologien und des Internets hat der bekannte Silicon-Valley-Investor Paul Graham formuliert, dass wir nicht die Zeit hatten, um gesellschaftliche »Antikörper gegen suchterzeugende Neuerungen« zu entwickeln.[2] Andererseits betreiben viele Verbände heute Informationskampagnen und wollen uns zu gesundheitsbewusstem Verhalten bewegen, zu einer gesunden Ernährung oder mehr körperlicher Bewegung. Meist wirken solche Kampagnen allerdings nur kurzfristig. Ohne Einfluss auf unsere alltäglichen Gewohnheiten zu nehmen, kann es keine langfristigen Veränderungen geben.

Wie aber funktionieren Gewohnheiten wirklich? Wann werden sie selbstzerstörerisch? Und wie können sie die Grundsteine für Glück und Zufriedenheit legen? Wie können wir ihre Macht für unsere Ziele nutzen? In diesem Buch werden wir uns intensiv mit diesen stillen und treuen Begleitern beschäftigen. Wir werden uns auf die Micro-Ebene begeben und die Gewohnheiten wie unter dem Mikroskop untersuchen. Wir werden uns um die Micro-Habits kümmern – kleine Gewohnheiten, die das Leben ausmachen. Dazu gibt es wissenschaftliche Ansätze, zeitgemäße Methoden und alltagstaugliche Techniken, die wirkungsvoll und effektiv sind. Um zwei Bereiche wird es gehen:

1. Gewohnheiten zu entdecken, die Sie schädigen, und sie dann gezielt aufzulösen. All die Dinge, die Sie davon abhalten, Ihren Werten und Zielen zu folgen und wieder Herr über Ihre Zeit und Ihr Leben zu werden.
2. Gewohnheiten zu bilden, mit denen Sie Ihr Leben gemäß Ihren Werten, Träumen und Visionen gestalten können. Es geht darum, Gewohnheiten nutzen zu lernen für das, was Ihnen wirklich wichtig ist im Leben. Sie werden lernen, den Fluss der Gewohnheiten in die Richtung Ihrer Ziele zu lenken.

Zu diesem Buch

Ich lade Sie also auf eine spannende Reise in Ihren Alltag ein. Machen Sie sich Gewohnheiten, diese unsichtbaren Begleiter, zu Freunden. Dabei müssen Sie sie als Erstes entdecken und sich bewusst machen. Und Sie müssen erkennen, was Ihnen wirklich wichtig ist im Leben. Wenn Ihnen das klar ist, können Sie den Fluss der Gewohnheiten in genau diese Richtung verändern. Gewohnheiten können strategisch eingesetzt werden – zu unserem Nutzen oder zu unserem Schaden. Sie können uns unsere Gesundheit ruinieren und sie können der Grundstein für Glück, Erfolg und Zufriedenheit sein. Wir selbst müssen aktiv die Richtung vorgeben, ansonsten schwemmen uns die Gewohnheiten dorthin, wo es für uns nicht unbedingt günstig ist.

Inzwischen wissen wir sehr genau, wie Gewohnheiten funktionieren. Wir können sie beobachten und in Einzelteile zerlegen. Wir wissen, was Gewohnheiten aufrechterhält und wie sie sich verändern lassen. Dieses Buch möchte Ihnen helfen, diesen Schatz an Wissen um unsere Gewohnheiten kennen und nutzen zu lernen. Das kann Ihnen helfen, sich nicht mehr von Ihren Gewohnheiten bestimmen und ärgern zu lassen, sondern sie für das zu nutzen, was Sie sich aus tiefstem Herzen für Ihr Leben wünschen.

Ich habe dieses Buch in drei Teile unterteilt. Im ersten Teil wird es um Gewohnheiten aus der heutigen Sicht der Wissenschaft gehen: Was macht Gewohnheiten aus? Warum sind sie so stark? Inwieweit beeinflussen sie unser Leben und inwieweit können wir sie beeinflussen?

Im zweiten Teil, dem Kernstück dieses Buches, stelle ich Ihnen fünf Schritte der Micro-Habit-Veränderung vor, mit denen Sie relativ leicht ungünstige Gewohnheiten stoppen und neue, sinnvolle und unterstützende Gewohnheiten etablieren können.

Der dritte und abschließende Teil des Buches bettet das Thema der Gewohnheiten noch einmal in einen größeren Zusammenhang ein und möchte Ihnen Lust machen, das ganze Leben aus diesem Blickwinkel neu zu betrachten und in bester und stimmigster Weise zu gestalten.

DIE MACHT DER GEWOHNHEIT

Frank Stäbler gehört zu den ganz Großen im Sport. Als dreifacher Weltmeister im Ringen kennt er sich naturgemäß auch bestens mit Gewohnheiten aus. Denn die sind im Leistungssport ganz wesentlich. Gemeinsam mit seinem Trainer Andreas Stäbler verfeinert er seit Jahren all die Bewegungsabläufe, die zu seinem Sport – und zu seinem Erfolg – gehören. So ist er ein sehr gutes Beispiel dafür, wie weit uns klug gepflegte gute Gewohnheiten bringen können. Auch die vielen wöchentlichen Trainingseinheiten sind für Frank Stäbler eine Gewohnheit, über die er nicht nachdenken muss. Er geht einfach zum Training. Allerdings, ab und zu muss er sich doch extra dafür motivieren. So lautet eine seiner Regeln: Wenn du nicht zum Training gehen willst, geh trotzdem. Und: Wenn du verlierst, dann mach am nächsten Tag ein Extra-Lauftraining. Werde noch besser! Solchen Regeln zu folgen, ist für ihn ebenfalls zur Gewohnheit geworden. Und es zahlt sich aus.

Ich habe Gespräche mit seinem Trainer Andreas Stäbler führen dürfen. (Die Namensgleichheit beider ist Zufall, sie sind nicht verwandt.) Er erklärte mir aus seiner Sicht, wie Gewohnheiten, Motivation, soziale Unterstützung und mentale Stärke zum Erfolg beitragen. Seine Aussagen sind in dieses Buch mit eingeflossen. Doch gehen wir nun erst einmal zu Johan.

»Warum tue ich das?«

Johan wundert sich über sein Essverhalten. Oft steht er abends oder nachts vor dem Kühlschrank und schlingt hastig vor allem Joghurt und Sahnequark herunter. Er achtet darauf, dass ihn niemand aus der Familie dabei ertappt. Manchmal ist ihm danach schlecht. Als er sich einmal fragt, warum er den leckeren Joghurt nicht wenigstens genießen kann, fallen ihm mehrere Szenen aus seiner Kindheit ein. Seine Eltern hatten wenig Geld, und wenn es süßen Joghurt gab, musste er oft schnell und heimlich die Leckereien verschlingen, ansonsten bestand die Gefahr, dass er entweder kaum etwas abbekam oder beschimpft wurde, wenn er sich mehr nahm. Einmal gab es sogar Ohrfeigen von seiner Mutter, als sie ihn dabei erwischte, wie er den Kühlschrank plünderte. Johan ist heute fünfundvierzig Jahre alt, er hat einen guten Job und könnte sich bergeweise Joghurt und Sahnequark leisten. Aber die Gewohnheit von früher sitzt tief: Er kauft sehr gern Joghurt, und sobald er im Kühlschrank steht, muss er ihn so schnell wie möglich verdrücken.

Gewohnheiten haben immer eine Entstehungsgeschichte. Johan wollte als Kind unbedingt so viel wie möglich vom leckeren Joghurt im Kühlschrank abbekommen. Er liebte ihn einfach, es war für ihn der Geschmack von Fülle und einem guten Leben. Er hatte den tiefen Wunsch, diese Leckerei zu essen. Und da haben wir bereits eine wesentliche Voraussetzung für die Bildung einer Gewohnheit: Es braucht ein Ziel, ein Bedürfnis, das befriedigt werden soll. Auch wenn uns dieses Ziel gar nicht mehr bewusst ist, folgen wir ihm und stimmen unser Leben darauf ab. Wir tun immer wieder das, was uns zu diesem Ziel führen soll – ob es dadurch wirklich erreicht wird oder nicht.

Gewohnheiten haben viel mit unserem gelernten Verhalten in der Vergangenheit zu tun. Der Ringer Frank Stäbler hat mit vier

Jahren mit dem Ringen begonnen. Seine Mutter wollte ihn eigentlich beim Kinderturnen anmelden, da war aber kein Platz mehr. Also ging er zum Ringen und fing schnell an, bei diesem Sport Gewohnheiten auszubilden – in diesem Fall Gewohnheiten, die ihn immer besser werden ließen. Johan hat auch früh gelernt – in diesem Fall aber eher in eine ungünstige Richtung. In seinem Inneren gilt die Regel: Wenn es etwas Süßes im Haus gibt, muss es schnell und heimlich gegessen werden, sonst ist es weg. Dies knüpft übrigens nicht nur an der Kindheit, sondern an sehr archaischen Bedürfnissen an, vermutlich hatten unsere Vorfahren auch oft diesen Drang. Sie wussten ja nicht, wann das nächste Tier erlegt wird oder ob sie in den nächsten Tagen noch einmal einen Strauch voller reifer Beeren finden. Also mussten sie sich einmal vorhandene Kalorien schnell einverleiben. Sie sehen schon: Gewohnheiten sind ein sehr umfassendes Thema, das in alle Lebensbereiche hineinragt und bis weit zurück in die Menschheitsgeschichte reicht.

Was sind eigentlich Gewohnheiten?

William James, einer der Urväter und Begründer der Psychologie, hat in seinem Hauptwerk zu den Prinzipien der Psychologie den Gewohnheiten – auf Englisch *habit* – ein ganzes Kapitel gewidmet. Er geht so weit, zu sagen, dass Gewohnheiten eine Grundeigenschaft der Dinge und Organismen sind. Es sind Reaktionen auf die Umwelt bzw. Wechselwirkungen zwischen den Dingen und Organismen. Wie ein Schloss besser funktioniert, wenn es öfter gebraucht wird, ein Bachbett langsam breiter wird, wenn mehr Wasser fließt, oder wie ein Kleidungsstück sich an den Körper anpasst, wenn es öfter getragen wird (damals gab es noch nicht so viel Elasthan in der Kleidung), werden auch Verhaltensweisen geschmeidiger, wenn sie öfter ausgeführt werden. So oft, bis wir es nicht einmal mehr merken. Denn Gewohnheiten laufen oft automatisiert und unbewusst ab.

Ich hatte diese Zahl schon genannt: 43 Prozent unseres Handelns werden von Gewohnheiten bestimmt, Informationen ändern daran so letztlich nichts. So sagt es Bas Verplanken, Professor für Sozialpsychologie in Bath, England. Er erforscht Gewohnheiten seit über zwanzig Jahren und weiß: Wenn sie mit unseren Zielen übereinstimmen, sind sie uns nützlich, manchmal sind sie sogar überlebenswichtig. Weichen sie allerdings von unseren tatsächlichen Zielen ab, stören sie eher, rauben uns Zeit und Energie, und nicht selten schädigen sie sogar unsere Gesundheit.

Gewohnheiten, so definiert es Bas Verplanken, sind Verhaltensweisen, die wir regelmäßig in einem stabilen Kontext ausüben – ohne viel darüber nachzudenken oder abzuwägen. Meist basieren sie auf Entscheidungen, die wir einmal bewusst getroffen haben.[3]

Wenn ich meine Nachbarin sehe, sage ich spontan »Hallo!«. Dabei muss ich nichts entscheiden und über nichts nachdenken. Ihr Hund kommt schwanzwedelnd auf mich zu, wenn er mich sieht, ich rede ein bisschen mit ihm und streichle ihm über den Kopf. Auch das ist eine Gewohnheit. Sehr früh schon wurden Gewohnheiten als Neigungen beschrieben, in einer bestimmten Weise zu handeln. Wenn ich eine rote Ampel sehe, dann trete ich automatisch auf Bremse und Kupplung. Und Carla, meine Kollegin, steckt sich eine Zigarette an, sobald sie Pause hat. Beides geschieht hochautomatisch. Unser Gehirn hat im Kopf für diese Verhaltensweisen eine Autobahn gebildet: Die Informationen und Impulse rasen darauf schnell und sicher voran. Sie achten auf keinerlei mögliche Abzweigungen oder alternativen Wege. Dies gilt für die meisten ganz einfachen Handlungen des Alltags wie das Zähneputzen, für komplexe

Verhaltensweisen wie Arbeitsgewohnheiten, aber auch für gedankliche Prozesse wie Grübeln oder Selbstvorwürfe.

Wenn Gewohnheiten automatisiert und gut gelernt sind, dann werden sie mehr von der Umwelt bestimmt als von unserem willentlichen Handeln. Wenn eine Pause ist, dann raucht meine Kollegin. Wenn Joghurt im Kühlschrank steht, dann fällt Johan darüber her. Wenn die Ampel rot ist, trete ich auf die Bremse. Die Umwelt hat gewissermaßen die Kontrolle über die Gewohnheit gewonnen. Ein auslösender Reiz genügt, dass die immer gleiche Reaktion erfolgt. Das hat den Vorteil, dass wir nicht mehr darüber nachdenken müssen, wie wir uns in den entsprechenden Fällen verhalten. Wenn das Handy ein Geräusch von sich gibt, hat es automatisch unsere volle Aufmerksamkeit, und wir spüren den Drang, die neue Nachricht zu checken. Ob eine Gewohnheit auf längere Sicht für uns nützlich oder schädlich ist, steht auf einem ganz anderen Blatt. Doch auch damit wollen und müssen wir uns hier beschäftigen.

Gewohnheiten und Gesundheit

Gewohnheiten sind die vielen kleinen Dinge, die wir täglich tun. Es sind die Bausteine unseres Lebensstils. Und damit sind es auch die Bausteine unserer Gesundheit. Kaum einen anderen Lebensbereich beeinflussen Gewohnheiten so sehr wie unser Wohlbefinden und unsere Vitalität. Oder müsste ich statt »beeinflussen« sagen »beeinträchtigen«? Denn sehr viele unserer heute typischen Gewohnheiten tun uns nicht unbedingt gut. Wahrscheinlich kennen Sie diese gesundheitsschädlichen Habits – von sich selbst oder von anderen.

Das Robert Koch-Institut hat in einem Gesundheitsbericht die sieben führenden Gesundheitsrisikofaktoren aufgelistet: Rauchen, zu viel Alkohol, niedriger Obst- und Gemüsekonsum, zu wenig

Bewegung, Übergewicht, hohe Cholesterinwerte im Blut und Bluthochdruck. Die ersten Punkte sind Gewohnheiten, die letzten drei sind die Folgen bestimmter Gewohnheiten. Sie alle werden als wesentliche Risikofaktoren für den Anstieg von sogenannten Zivilisationserkrankungen angesehen: Diabetes mellitus, Herzkreislauferkrankungen, Krebs, chronische Atemwegserkrankungen, aber auch psychische Belastungen und Störungen.

Ernährungsgewohnheiten spielen dabei eine vorrangige Rolle. Sie beeinflussen unsere körperliche Leistungsfähigkeit, unser Wohlbefinden und die Gesundheit. Das Robert Koch-Institut stellt zum Beispiel fest, dass sowohl Kinder als auch Erwachsene deutlich mehr Fleisch essen, als der Gesundheit (und der Umwelt) zuträglich wäre. Außerdem essen die meisten zu süß und zu fett, können all den Verlockungen aus der Werbung, im Supermarkt und bei den Fast-Food-Ketten nicht widerstehen und geraten dann leicht ins Übergewicht mit all seinen gesundheitlichen Folgen.

Zum höchsten Krankenstand führen laut dem DAK-Gesundheitsbericht 2019 (bezogen auf die Krankenstände von 2018) Erkrankungen des Muskel-Skelett-Systems.[4] Die Ursachen können sehr vielfältig sein, Überlastung, Übergewicht, aber auch Bewegungsmangel und falsche Sitz- oder Stehgewohnheiten. Die meisten Rückenleiden kommen daher, dass die Menschen zu viel sitzen – im Büro, vor dem Fernseher oder Computer, im Auto – und sich zu wenig bewegen. Alles Gewohnheiten.

An zweiter Stelle stehen Erkrankungen der Atemwege und an dritter Stelle psychische Erkrankungen, deren Anteil an den Fehltagen sich seit 1997 verdreifacht hat. Zu den Diagnosen gehören insbesondere Depression, Angststörungen, Anpassungsstörungen und Sucht.[5]

Auch diese Störungen haben vielfältige Ursachen – und auch sie haben mit Gewohnheiten zu tun. Angststörungen werden durch

Vermeidungsgewohnheiten zumindest verstärkt und die verschiedenen Süchte basieren auf exzessiven Verhaltensweisen und Kontrollverlusten. Unsere Leistungs- und Arbeitsgewohnheiten und überhöhte Ansprüche an uns selbst führen häufig zu Überforderung und Erschöpfung, und die Gefahr, Burn-out oder eine Depression zu entwickeln, steigt.

Ich weiß natürlich nicht, aus welchem Grund Sie sich dieses Buch gekauft haben. Ob Sie bestimmte Gewohnheiten leid sind und gern loswerden möchten. Oder ob Sie sich nach einem Leben mit bestimmten Gewohnheiten sehnen, die Sie bisher nicht wirklich etablieren konnten. Ich könnte mir aber sehr gut vorstellen, dass so einiges dabei sein dürfte, was in den gesundheitlichen Bereich fällt. Um gesund zu bleiben oder um es wieder zu werden, um sich im Körper so richtig wohl und fit zu fühlen und mit Zuversicht und sogar Freude aufs Leben zu schauen, dafür sind gute Gewohnheiten unerlässlich.

Wie entstehen Gewohnheiten?

Gewohnheiten sind wie Wasser, das durch eine Landschaft fließt. Je länger und je mehr Wasser in einem Flussbett unterwegs ist, desto tiefer gräbt es sich in die Landschaft ein und prägt und verändert somit auch die Gegend. Ebenso prägen uns unsere Gewohnheiten. Wenn wir mit etwas Menschenkenntnis in ein Gesicht schauen, dann können wir sehen, ob dieser Mensch in seinem Leben viel gelacht, viel gegrübelt oder viel geraucht hat. Gewohnheiten prägen die Gesichtszüge, die Landschaft unseres Gesichts.

Im Talmud heißt es:

Achte auf deine Gedanken, denn sie werden Worte,
achte auf deine Worte, denn sie werden Handlungen,
achte auf deine Handlungen, denn sie werden Gewohnheiten,
achte auf deine Gewohnheiten, denn sie werden dein Charakter,
achte auf deinen Charakter, denn er wird dein Schicksal.

Es beginnt im Kleinen – bei den Micro Habits, den unscheinbaren, winzigen Alltagsgewohnheiten –, und es endet damit, wie sich unser ganzes Leben gestaltet. William James, der schon erwähnte Urvater der Psychologie, verwendete damals bereits den Begriff der Plastizität. Er bezog ihn auf die Grundeigenschaft von Materialien, sich formen zu lassen, und auf die Grundeigenschaft des menschlichen Gehirns, das sich durch Aktivität und Training ebenfalls formt. Je häufiger wir eine Handlung verrichten, desto häufiger werden dieselben Nervenstränge aktiviert und desto stärker verändern sich diese Bahnen und Hirnareale im Laufe der Zeit. Neurophysiologen sprechen von neuronaler oder synaptischer Plastizität. Unser Gehirn ist formbar wie eine Knetmasse. Und am besten lässt es sich formen durch Wiederholungen – durch Gewohnheiten.

Der kanadische Psychologe Donald Hebb formulierte bereits 1949 die hebbsche Regel: »What fires together, wires together.« Das heißt, je häufiger Neuron A mit Neuron B gemeinsam aktiv ist, also gemeinsam feuert, desto bevorzugter und schneller werden diese Neuronen aufeinander reagieren und eine immer festere Nervenleitung bilden.

Mit den heutigen bildgebenden Verfahren können wir ganz genau beobachten, wie Nervenverbindungen wachsen. Durch häufige Wiederholung einer Handlung werden die Neuronen immer wieder aktiviert und die Nervenverbindungen werden größer und stärker. Es ist wie auf Transportwegen: Aus anfänglichen Trampelpfaden werden dort Autobahnen, wo besonders viel Verkehr ist, wo sich besonders viele Einzelne fortbewegen.

Dazu passt eine sehr bekannte Studie mit Londoner Taxifahrern gleich in zweifacher Weise. Es wurden deren Gehirne durchleuchtet, und der Neuropsychologe Chris Frith fand dabei heraus, dass sich bei ihnen vor allem ein Gehirnteil deutlich vergrößert hatte, nämlich der Hippocampus. Der ist zuständig für die Abspeicherung von räumlichen Erinnerungen. Taxifahrer müssen sich sehr gut an die vielfältigen möglichen Routen in einer verwinkelten Riesenstadt wie London erinnern. Also haben sie diesen Bereich ihres Gehirns besonders oft benutzt. Die Studie konnte auch nachweisen: Je länger ein Taxifahrer diese Tätigkeit verrichtete, desto größer war der Hippocampus angewachsen.

Ihr Gehirn liebt Gewohnheiten

Das alles gilt auch für Ihr eigenes Leben. Wenn Sie etwas sehr häufig tun, führt das zu physiologischen Veränderungen in Ihrem Gehirn. Wiederholung in diesem Sinne ist Veränderung. Tatsächliche physische Veränderung. Indem Sie etwas wiederholen, lernen Sie es, bis die Bahn im Gehirn dafür so dick ist, dass es wie von selbst abläuft. Allein die Häufigkeit des Tuns führt zu einer Vertiefung dieses Lernens. Irgendwann funktioniert das Verhalten automatisch, Sie benötigen kaum noch Bewusstheit oder gar kein Bewusstsein mehr dafür.

Unser Gehirn versucht genau das: aus bewährtem Verhalten möglichst viele Gewohnheiten bilden. Das spart Energie und ist nicht anstrengend. Wenn wir Dinge jeden Tag immer wieder auf die gleiche Weise tun, dann wäre es ja unsinnig, wenn wir jedes Mal wieder darüber nachdenken müssten. Also bildet sich das Gehirn so um, dass die Aktion fast oder vollständig von allein abläuft, sobald ein entsprechender äußerer Reiz gegeben ist. Der Wecker klingelt – wir gehen Zähneputzen.

Ein kleiner Test

Lassen Sie uns einen kleinen Test machen:

Wie viel ist 4 × 4?

Ich vermute, Ihnen ist ganz spontan die Antwort eingefallen. Sie mussten dazu weder den Taschenrechner nutzen noch Ihre Finger. Das Ergebnis einer solch einfachen Rechenaufgabe haben Sie durch häufige Wiederholung gelernt. Ihr Gehirn spuckt es automatisch aus.

Nun rechnen Sie bitte 12 x 13.

Bei mir klappt das auf jeden Fall nicht mehr automatisch. Ich rechne zuerst 10 x 13 = 130 und 2 x 13 = 26. Das Ergebnis ist dann 130 + 26 = 156.

Puh, das ist ganz schön anstrengend. Wie einfach sind dagegen automatisierte Gewohnheiten.

Das können Sie auch beim Lernen mit Kindern beobachten. Hat sich einmal eine Gewohnheit gebildet, und Ihr Kind kann die Vokabeln, dann kommen sie wie aus der Pistole geschossen, sobald Sie nachfragen. Spontan und fast automatisch. Das macht Spaß und geht leicht. Hingegen neue Vokabeln in das Gehirn zu pflanzen, das ist mühevoll und braucht viele Wiederholungen, bis sie sitzen.

Hier kommen wir auch gleich in den Bereich der Emotionen. Denn wenn etwas leicht geht und »sitzt«, wenn wir nicht darüber nachdenken müssen und es wie am Schnürchen funktioniert, wenn wir die Vokabeln einfach können, dann ist das mit Freude und Lust verbunden. Wir erleben uns als fähig und das macht Spaß.

Unser Gehirn übrigens arbeitet ganz bewusst damit, uns Freude zu machen. Wenn etwas in seinem Sinne funktioniert, dann schüttet es Neurotransmitter aus, die uns gute Gefühle bescheren. Damit wird das, was wir eben getan haben, positiv verankert und das Gehirn kann davon ausgehen, dass wir es wieder tun. Und da es gern Energie spart – es ist ja von der Evolution darauf programmiert worden, unser Überleben auch in schwierigen Zeiten zu sichern –, belohnt es unsere Gewohnheiten. Sie ahnen sicher schon, dass hier eine ordentliche Schwierigkeit verborgen liegt, wenn wir Gewohnheiten ändern wollen. Sie sitzen tief, nicht nur in unserer Psyche, sondern eben auch ganz physisch im Gehirn. So leicht lässt es sie nicht los, es ist gar nicht so einfach, die Autobahn wieder zu verlassen.

Gewohnheiten sind also eine Art Energiesparmodus unseres Gehirns. Sobald wir zu gewohnheitsmäßigem Handeln übergehen, benötigen wir viel weniger Energie, als wenn wir bewusst überlegen und entscheiden. Im Gehirn sind die Basalganglien der Ort, an dem unsere Gewohnheiten abgespeichert sind, eine Region in unserem Stammhirn. Wenn Sie einen Tangotanzschritt oft wiederholen, übernehmen irgendwann die Basalganglien die Führung, und Sie benötigen nahezu keine bewusste Steuerung mehr, der Tangoschritt sitzt und kann sicher immer wieder abgerufen werden, auch im größten Getümmel auf der Tanzfläche.

Das Gewohnheitsmuster mit seinen vier Punkten

Gewohnheiten sind einmal gefundene Lösungswege, die unser Gehirn sich eingeprägt hat. Dass sich Johan als Kind immer ganz schnell auf den Joghurt gestürzt hat, hat funktioniert: Er konnte sich an dieser süßen Köstlichkeit laben und wurde ganz selten dabei erwischt. Für sein Gehirn ist das eine Erfolgsgeschichte. Also behält es das Verhalten bei: Sobald süßer Joghurt da ist, wird er heimlich und flink aufgegessen.

Es gibt viele Untersuchungen zur Gewohnheitsbildung, die immer wieder dasselbe Muster deutlich machen – in vier Punkten. Bei einem Laborversuch beispielsweise hat ein Affe gelernt, wie er am besten an Weintrauben herankommt. Er weiß: Wenn das Licht im Versuchsraum angeht, braucht er nur zehnmal einen Hebel zu drücken, und dann bekommt er eine Weintraube als Belohnung. Das ist inzwischen so oft passiert, dass sich in seinem Gehirn ein Muster dafür etabliert hat. Der Vorgang ist für ihn zu einer Gewohnheit geworden. Und das sind die erwähnten vier Punkte:

1. Das Lichtsignal kommt – der Auslöser. Das Signal ist der Startschuss für die Gewohnheit. Es setzt die dopaminerge Energie frei. Gewohnheiten sind immer gekoppelt an ein konkretes Signal. Das Signal sagt uns: Jetzt gibt es eine leckere Belohnung.
2. Der Affe zeigt eine erhöhte innere Erregung und Dopaminausschüttung, in ihm macht sich die Vorfreude auf die Belohnung bemerkbar. Man spricht hier von Craving – der Belohnungserwartung. Der Affe weiß: »Es wird großartig werden, es wird lecker, und ich weiß, wie es funktioniert.« Die Lust und das Verlangen sind deutlich stärker ausgeprägt und spielen im Erleben eine viel dominantere Rolle als die später erfolgende Belohnung.

3. Nun folgt die Handlung: zehnmal den Hebel drücken. Der Affe tut es fast gelangweilt. Diese Handlung wurde bereits so oft wiederholt, sie ist zur Routine geworden. Die innere Erregung wird heruntergefahren, das heißt, er benötigt für Gewohnheiten wenig Energie und vor allem wenig Aufmerksamkeit. Viele Gewohnheiten verrichten auch wir hoch automatisiert.
4. Der Affe erhält die Traube als Belohnung. Interessanterweise fallen die Dopaminausschüttung und die innere Erregung hier deutlich geringer aus als bei Punkt zwei. Denken Sie daran bei der nächsten Schokolade, der nächsten Zigarette, dem nächsten Bier: Das eigentliche Lusterlebnis liegt in der Erwartung, also im Craving.[6]

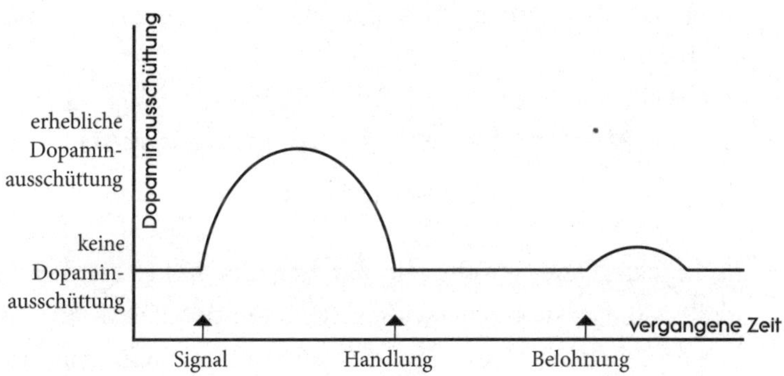

Die Dopaminausschüttung ist am höchsten, wenn wir eine Belohnung erwarten. Wenn wir sie dann bekommen, sind deutlich weniger Glückshormone im Spiel. (Abbildung nach Sapolsky, R. (2017), Gewalt und Mitgefühl. Carl Hanser Verlag GmbH & Co. KG, München)

Jede Gewohnheit besteht aus diesen vier Micro-Elementen:

1. Auslöser
2. Belohnungserwartung, Craving
3. Verhalten, Routine
4. Konsequenzen, Belohnung

Auch bei Johan trifft dieses Muster zu, wenn er gierig vor dem Kühlschrank stehend süßen Joghurt in sich reinschaufelt. Der auslösende Reiz ist der Abend, wenn er allein in der Küche ist. Die Sehnsucht nach einer süßen Leckerei taucht auf, er weiß, dass der Joghurt im Kühlschrank auf ihn wartet – das Craving. Gewohnheitsmäßig handelt er und schlingt ihn hastig hinunter. Die Belohnung besteht in dem guten Geschmack und dem Gefühl, auch diesmal wieder nicht zu kurz gekommen zu sein (denn das war ja seine Angst aus der Kindheit).

Von guten und von schlechten Gewohnheiten

Johan hat diese Gewohnheit des Vor-dem-Kühlschrank-süßen-Joghurt-in-sich-Reinschaufelns lange Jahre praktiziert, ohne sich daran zu stören. Erst seit sein Übergewicht für ihn ein echtes Problem wurde, setzt er sich mit seinen Essgewohnheiten auseinander. Ihm wurde klar, dass es so nicht weitergehen sollte. Anfangs ärgerte er sich über sich selbst und war wütend, wann immer er wieder seine Kühlschrankgewohnheit ausgeübt hatte. Im Gespräch mit mir wurde ihm allerdings klar, dass diese Gewohnheit eben eine Geschichte hatte. Damals in seiner Kindheit war es ziemlich schlau von ihm, für seinen Anteil an dem Joghurt zu sorgen und zugleich aufzupassen, nicht erwischt zu werden, sonst wäre er von seiner Mutter bestraft worden.

Fast alle Gewohnheiten tragen eine alte Geschichte in sich, die uns oft gar nicht mehr bewusst ist. Gewohnheitsmuster enthalten immer Lösungsstrategien für irgendein Problem, das wir früher einmal hatten. Für Johan war es das Problem, dass er gern mehr von dem nur selten ausreichend vorhandenen Joghurt abbekommen wollte. Für andere ist es vielleicht das Problem, dass sie dazugehören möchten – und dann beginnen sie mit vierzehn, zu rauchen. Zu unseren vier Punkten kommt daher noch eine fünfte Komponente hinzu: das Ziel, dass wir verfolgt haben, als die Gewohnheit begann.

Ziel
1. Auslöser
2. Belohnungserwartung, Craving
3. Verhalten, Aktion
4. Konsequenzen, Belohnung

Problematisch werden Gewohnheiten, wenn das damalige Verhalten völlig den Bedürfnissen und den Vorstellungen widerspricht, die wir heute haben. Johan möchte heute als Fünfundvierzigjähriger nicht mehr so essen wie als Kind. Er hat heute nicht mehr das Ziel, genügend abzubekommen – er verdient sein eigenes Geld und kann kaufen und essen, was er möchte. Heute möchte er gesund sein, schlanker sein und sich nicht nachts heimlich, versteckt vor seiner Familie, am Kühlschrank herumdrücken. Seine Ziele stimmen nicht mehr mit denen überein, die er als Kind hatte. Und deswegen passt diese Gewohnheit einfach nicht mehr zu ihm. Er kann sie meist überhaupt nicht genießen und hat oft nicht einmal Appetit auf etwas Süßes, während er es trotzdem in sich hineinfuttert.

Wenn er sich dann fragt »Warum mache ich das eigentlich?«, dann lautet die Antwort: »Weil ich es so gewohnt bin. Weil ich es früher immer so gemacht habe.« Gewohnheiten entstehen aufgrund von Bedürfnissen und Zielen, mit der Zeit können jedoch die Ziele verblassen, und es wird nur noch die Routine abgespult.

Gewohnheiten als wahre Schätze

Gewohnheiten sind aber nicht nur problematisch. Keinesfalls. Nicht nur, dass sie unserem Gehirn beim Energiesparen helfen, sie strukturieren auch unseren Tag, machen es uns in vielem leichter, und mit ihnen können wir es schaffen, auch große Ziele zu erreichen und uns in bestimmten Bereichen immer mehr zu verbessern. Der Sport ist dafür ein ideales Beispiel. Frank Stäblers Gewohnheiten spiegeln für ihn den effizientesten Weg, sich fit zu halten und seine Techniken zu verbessern. Seine Gewohnheiten sind die erfolgreichen Lösungen, die er in den vergangenen Jahrzehnten für alle möglichen Schwierigkeiten in seinem Sport gefunden und weiterentwickelt hat. Sie sind für ihn ein Schatz. Alles, was irgendwann einmal erfolgreich war, fühlt sich gut an und wird wiederholt. In der Zeit, in der er seinen täglichen Gewohnheiten folgt, muss er nichts entscheiden, sein Kopf ist frei, er muss keine neuen Lösungen suchen und kann sich in seinem Sport stetig verbessern.

Werte und Gewohnheiten

Wenn Gewohnheiten mit unseren heutigen Werten und Zielen verbunden sind, dann können sie einen großen Beitrag zu Erfolg und Zufriedenheit leisten. Gewohnheiten können aber wie bei Johan auch unseren heutigen Werten und Zielen widersprechen, dann wirken sie schädigend.

Ziel der Vergangenheit – Ziel der Zukunft

1. Auslöser
2. Belohnungserwartung, Craving
3. Verhalten, Routine
4. Konsequenzen, Belohnung

Wie steht es um Ihre Gewohnheiten?

Sicherlich haben Sie dieses Buch mit einer bestimmten Absicht gekauft. Schreiben Sie sich am besten gleich einmal auf:

- Welche Gewohnheiten in Ihrem Leben stören Sie? Welche Gewohnheiten möchten Sie gern loswerden oder verändern?
- Welche Gewohnheiten entdecken Sie, die für Sie sehr hilfreich und nützlich sind – bis heute?
- Welche Gewohnheiten möchten Sie gern ganz neu etablieren?

Mit der Liste Ihrer Antwort haben Sie die Basis für die praktischen Anregungen in Teil zwei des Buches, wenn es darum geht, die Gewohnheiten in fünf Schritten zu verändern.

Es ist wichtig, in beide Richtungen zu denken und zu handeln. Wir können positive Gewohnheiten stärken oder etablieren, die in Übereinstimmung mit unseren Bedürfnissen und Werten der Gegenwart stehen. Und wir können Gewohnheiten stoppen, die einfach nur Antworten auf vergangene Situationen sind.

Wie aber kommen wir uns auf die Schliche? Lassen Sie mich das an einigen Beispielen erläutern – wie auch schon der Fall von Johan einiges deutlich gemacht haben dürfte. Schauen wir auf Frank: Er ist fünfunddreißig und hat schon ein paar Mal versucht, mit dem Rauchen aufzuhören. Ich habe ihn gefragt, warum er damit überhaupt angefangen hat. Er erzählte mir von seinem sozialen Jahr nach der Schule in einem Wohnheim für behinderte Menschen. Die meisten Praktikanten und jungen Mitarbeiter haben damals geraucht und er wollte einfach dazugehören. Also hat auch er mit dem Rauchen begonnen und konnte dann immer mit den anderen auf dem Pausenhof zusammenstehen. Die Gewohnheit von damals hat er allerdings bis in sein Erwachsenenleben mitgeschleppt, obwohl sie ihm schon mehr als fünfzehn Jahre lästig ist. Ihm ist es bisher nicht gelungen, sie abzuschütteln.

Andrea steht sehr erfolgreich im Beruf und gibt Seminare. Nach deren Ende allerdings ist es ihre Gewohnheit geworden, tagelang über ihre möglichen Fehler nachzugrübeln. Irgendwann fiel ihr auf, dass auch ihr Vater diese Gewohnheit hatte, über jeden Fehler ausgiebig nachzudenken und sich selbst zu verurteilen. Auch sie hat er oft kritisiert und bestraft, wenn sie einen Fehler gemacht hat, zum Beispiel bei ihren Hausaufgaben. Durch seine Kritik hat er sicherlich versucht, sie zu besseren Leistungen und mehr Anstrengung zu motivieren. Und Andrea hat diese Gewohnheit von ihrem Vater übernommen und verinnerlicht. So wie sie damals von ihrem Vater behandelt wurde, so behandelt sie sich heute selbst. Auch dies ist zu einer lästigen Gewohnheit geworden.

Der Erfolg von Gewohnheiten ist in der Regel mit einer bestimmten Situation verbunden. Weil Frank dazugehören wollte, wenn die anderen in die Pause gingen, hat er zu rauchen begonnen – und er tut es bis heute. Wenn Andrea als Kind etwas geleistet hat, musste sie mit der Kritik ihres Vaters rechnen, und deswegen kritisierte sie sich lieber selbst – und sie tut es bis heute. Im Laufe der Zeit verändern wir uns, und die Situationen wandeln sich auch, aber wir halten an unseren Gewohnheiten fest.

Schädliche Gewohnheiten entlarven

Welche ungünstige Gewohnheit möchten Sie gern loswerden? Vielleicht wählen Sie eine aus, mit der Sie durch dieses Buch gehen. Wenn sich dann etwas verändert hat, können Sie sich die nächste vornehmen.

Woher kommt diese Gewohnheit? Wann haben Sie damit begonnen? Und was wollten Sie damit erreichen? Was war damals Ihr Ziel? Und stimmt es noch mit Ihren heutigen Zielen überein?

Ich möchte Sie mit solchen Fragen an dieser Stelle nur anregen, über Ihr eigenes Gewohnheitsverhalten nachzudenken. Schritt für Schritt werden wir dann in Teil zwei daran arbeiten, dass sich Ihre Micro Habits verändern.

Ein längst fälliges Update

In nahezu jeder gelernten Gewohnheit schlummern eine ursprünglich positive Absicht und eine positive Funktion. Gewohnheiten enthalten unser Wissen und unsere Erfahrungsschätze von damals. Sie sind nicht schlecht, sie müssen nur von Zeit zu Zeit aktualisiert werden. Wir müssen uns immer wieder neu alte Gewohnheiten bewusst machen und sie an die Werte und Ziele unseres gegenwärtigen Erwachsenenlebens anpassen. Ansonsten machen wir einfach so weiter wie immer. Wir rasen auf einer Autobahn voran, die uns gar nicht an unser Ziel bringen kann, weil sie in eine völlig andere Richtung führt.

Claudia zum Beispiel setzt immer andere an erste Stelle, niemals sich selbst. Manchmal leidet sie darunter, dass sie nicht Nein sagen kann und ihre Bedürfnisse ständig zurückstellt. Als ich sie einmal fragte, warum sie das tut, meinte sie nachdenklich: »Weil ich es schon immer so gemacht habe.« Sie handelt nicht aus den Wünschen und Zielen der Gegenwart heraus, sondern aus dem, was sie in der Vergangenheit gelernt hatte.

Oder schauen wir auf Dora. Sie hat früher in der Zweiten Bundesliga Handball gespielt. Sport kennt sie nur nach dem Motto: entweder richtig oder gar nicht, entweder Profi oder die Turnschuhe bleiben im Schrank. Heute als Mutter von zwei Kindern hat sie wenig Zeit für Sport. Sie kann nicht drei- oder viermal pro Woche trainieren, also bleiben die Turnschuhe stehen. Als sie dann von einer Freundin gefragt wird, ob sie an einem Marathon teilnehmen will, stimmt sie mit Begeisterung zu. Sie erstellt sofort Trainingspläne, die an einen Vollprofi erinnern, und ihre beiden Kinder stehen ihr plötzlich im Weg. Ihr altes Gewohnheitsmuster greift wieder, das Wasser läuft wieder in den alten Bahnen. Gemütlich durch den Wald zu joggen ist ihr fremd, »das ist doch kein Sport«. Früher konnte sie auf diese Weise Höchstleistungen erzielen, heute jedoch stresst sie sich, weil ihre Lebensumstände mit Job und Familie einfach andere sind.

Es gibt Gewohnheiten, die einfach einen schädigenden Charakter haben. Ob wir die Gewohnheit nun gut finden oder nicht, das spielt dabei keine Rolle. Als Zwanzigjähriger war ich ein leidenschaftlicher Langläufer, allerdings hat das intensive Laufen dazu geführt, dass ich Knieprobleme bekam. Nach manchen Läufen hatte ich solche Schmerzen, dass ich kaum mehr Treppensteigen konnte. Für mich bestand damals die Herausforderung darin, weiter mit Freude Sport zu treiben, ohne meinen Gelenken zu schaden. Natürlich war es eine gute Gewohnheit, sehr viel Sport zu machen. Doch sie wurde zu etwas Schädlichem, als mein Körper nicht mehr mithalten konnte.

Oder nehmen wir Sandra: Nach einer anstrengenden Woche schläft sie gern aus und bleibt auch dann noch im Bett liegen und schaut YouTube-Videos. Ein Filmchen nach dem anderen. Einerseits freut sie sich daran, dies zu tun, andererseits weiß sie, dass es ihr nicht guttut. Wenn sie mehrere Stunden auf diese Weise im Bett verbracht hat, dann hat sie kaum noch Lust, etwas anderes anzufangen, sie wird immer passiver und träger. Sie fühlt sich leer und unzufrieden. Manchmal verbringt sie Wochenende für Wochenende so, ohne jemanden zu treffen oder das Haus zu verlassen. Sie ist sehr unzufrieden damit. Es ist natürlich nicht schlecht und für uns alle wichtig, auszuspannen und auch mal die Seele baumeln zu lassen. Wenn sich allerdings eine solche Gewohnheit wie bei Sandra einstellt und man selbst darunter leidet, dann ist ein schädliches Verhalten daraus geworden.

Warum schaden wir uns freiwillig?

Wie aber kann es überhaupt passieren, dass wir uns selbst schaden? Sind wir nicht bewusste Wesen, die ihr Verhalten rational steuern können? Ja, aber nur teilweise. Für Gewohnheiten braucht unser Gehirn nämlich nicht mehr die Zentren, die für eine bewusste Verhaltenskontrolle zuständig sind. Präfrontaler Kortex, anteriorer cingulärer Cortex, diese Zentren sind vor allem aktiv, wenn wir etwas Neues lernen. Bei gewohnheitsmäßigen Handlungen wird die Steuerung durch den präfrontalen Kortex heruntergefahren. Sobald Gewohnheiten einsetzen, werden die Basalganglien aktiv, die ich schon erwähnt hatte.

Um zu verstehen, warum Frank raucht, Johan becherweise Joghurt herunterschlingt, Andrea sich selbst heftig kritisiert oder Sandra stundenlang Filmchen schaut, müssen wir genauer untersuchen, welches Verhalten sich für unser Gehirn lohnt beziehungsweise wie das Belohnungssystem unseres Gehirns uns austrickst. Zum Beispiel erleben wir das frische Gefühl geputzter Zähne als belohnend – es erfolgt dabei eine kleine Dopaminausschüttung. Größer ist die allerdings, wenn wir ein Stück Schokolade essen. Beim Zähneputzen halten wir manchmal kaum die zwei Minuten durch, die uns die elektrische Zahnbürste vorgibt. Beim Schokoladeessen allerdings können wir locker noch ein paar Stückchen mehr schaffen. Zwei unterschiedliche Systeme spielen dabei eine Rolle. Wenn wir mit etwas zufrieden sind, ist das eine Form von Glück, bei der alles in Ordnung ist. Wir brauchen nicht mehr. Wir haben kein Bedürfnis nach einer Steigerung. Bei vielen Tätigkeiten ist das so, Spazierengehen, Freunde treffen, Arbeit im Garten, Spielen mit Kindern, Zähneputzen – es entsteht ein Zufriedenheitsgefühl, ohne dass wir mehr und mehr davon haben möchten. Anders ist das bei Substanzen, die sehr stark das Dopaminsystem aktivieren. Dann nämlich entsteht schnell das Bedürfnis nach mehr. Nach mehr Schokolade, mehr Alkohol, mehr Computerspielen, mehr Pornografie. Es gibt gewissermaßen Superreize, die unser Dopaminsystem besonders stark aktivieren. Hierzu gehören auch Nahrungsmittel, die viel Zucker, Fett und Geschmacksverstärker enthalten. Bei denen haben Gewohnheiten leichtes Spiel, und wir können nicht so einfach steuern, damit aufzuhören, nur weil wir wissen, dass sie uns nicht besonders guttun.

Das Problem dabei ist, dass wir uns schnell an diese Reize gewöhnen. In der Psychologie wird dies Habituation genannt. Diese Gewöhnung an die Reizstärke führt dazu, dass wir immer mehr wollen. Ein Brettspiel ist heutzutage langweilig, weil wir ja auch Computerspiele mit all den raffinierten visuellen und akustischen Reizen und Möglichkeiten spielen können. Ein Level ist erreicht, dann reizt das nächste. Wir wollen immer mehr. Das kann man mit einem Juckreiz vergleichen: Wenn Sie sich kratzen, dann juckt es noch mehr, und Sie müssen weiter kratzen. Der Teufelskreis ist perfekt. Und der Juckreiz verschwindet nicht, sondern wird immer größer. Auf eine ähnliche Weise werden Gewohnheiten zur Sucht.

Das Verhalten endet erst dann, wenn Erschöpfung eintritt. Wir sind so voll von Schokolade oder Chips, dass uns schon schlecht ist. Wir sind schon völlig erschöpft vom Zocken, wir können das Spiel nur mit genügend Cola oder anderen aufputschenden Substanzen verlängern. Oder es gibt überhaupt kein Halten: In den bekannten Versuchen von Olds und Milner aus dem Jahr 1954 konnten Ratten direkt ihr Belohnungszentrum im Gehirn stimulieren, nachdem eine Elektrode in den Nervenzellen des Belohnungszentrums platziert wurde. Durch einen Hebeldruck konnten die Ratten nun eine Stimulation im Lustzentrum aktivieren. Die Ratten hatten das schnell begriffen und betätigten mehr als tausendmal pro Stunde diesen Hebel. Sie drückten so lange, bis sie erschöpft umfielen. Manche trieben das Spiel so lange, bis sie tot waren.

Wir Menschen verfügen zum Glück über keine solche direkte Verbindung zum Lustzentrum. Allerdings haben Alkohol, Nikotin, Cannabis oder Kokain ebenfalls eine direkte Wirkung auf unsere Lustzentrale. Die Abhängigkeit von diesen Substanzen kann ähnlich dramatisch enden. Auch Menschen, die davon abhängig sind, erleben einen Kontrollverlust. Sie gewöhnen sich mit der Zeit an die Substanz und benötigen für eine noch spürbarere Wirkung immer mehr davon.

Ich möchte mit diesen ganzen Fakten keinesfalls das Gefühl vermitteln, dass wir machtlos seien. Denn das sind wir nicht. Wir können unsere Gewohnheitsmuster erkennen und bremsen oder ganz stoppen. Wir können schädliche Gewohnheitsmuster durch förderliche ersetzen. Um all das wird es hier auch noch ganz praktisch geben. Nicht umsonst haben wir in unserem Gehirn den präfrontalen Cortex, die Struktur, die bewusst mitbekommt, was läuft, und aktiv steuernd ins Geschehen eingreifen kann. Wir müssen sie nur richtig zu nutzen lernen, ganz besonders im Bereich der Gewohnheiten.

Micro Habits im Detail

Bevor ich mit Ihnen ganz konkret zu den Schritten kommen möchte, mit denen sich Micro Habits verändern lassen, noch ein wenig mehr zu den Grundlagen. Wir hatten die vier Punkte, die bei Gewohnheiten durchlaufen werden, so definiert:

1. Auslöser
2. Belohnungserwartung, Craving
3. Verhalten, Routine
4. Konsequenzen, Belohnung

Schauen wir uns diese einzelnen Punkte noch etwas genauer an. Ein tieferes Verständnis davon wird es leichter machen, aktiv Gewohnheiten zu steuern.

1. Auslöser

Ein Lichtsignal von Ihrem Rechner, das Geräusch des Handys, der abendliche Weg zum Fernseher – das ist der Startschuss für ein Gewohnheitsverhalten. Sie reagieren auf das Signal, ob Sie wollen oder nicht. Sie schauen in das Mailprogramm, Sie nehmen Ihr Handy zur Hand, Sie holen noch etwas zum Naschen aus dem Schrank mit zum Fernseher. Diese Reaktion ist durch zahllose Wiederholungen in Ihrem Gehirn gebahnt worden.

In verschiedenen wissenschaftlichen Studien konnte gezeigt werden, dass der Startschuss, der Auslöser, viel stärker bei Gewohnheiten wirkt als die Belohnung. Auch bei Ratten: Sie lernten ein bestimmtes Verhalten, um an Futter zu gelangen, sie mussten dafür zum Beispiel einen Hebel drücken. Als man ihnen auf diesen Auslöser hin mehrfach schlecht schmeckendes Futter gab, hätte man denken können, dass sie ihr Verhalten ändern würden. Das geschah jedoch nicht. Sie blieben bei ihrer Gewohnheit. Wenn der Reiz kam, drückten sie den Hebel, auch wenn sie nach einer gewissen Zeit schon wissen mussten, dass das nur zu schlecht schmeckendem Futter führen würde.

Rauchen ist dafür das beste Beispiel aus der Menschenwelt. Alle Raucher, die ich kenne, würden gern damit aufhören, sie erleben es nicht als genussvoll und wenig belohnend. Sie erleben im Gegenteil sogar viele negative Konsequenzen. Und doch: Sobald der jeweilige Auslöser erscheint, wird die Zigarette gezückt. Die Auslöser können rein äußerlich sein wie die Pausenzeit oder sie können sozial sein, eine Kollegin, die sich die Zigarette anzündet, oder sie können innerlich sein wie Stress, Unruhe oder der Wunsch nach Genuss.

Äußere Reize

Die Ampel schaltet auf Rot. Ihr Fuß wandert automatisch in Richtung Bremse und Sie bringen Ihr Auto zum Halten. Wir sehen oder hören bestimmte Reize, auf die wir automatisch reagieren. Was in der Vergangenheit gewirkt und zum Erfolg geführt hat, wird wieder angewandt. Auslöser geben uns Hinweise auf richtiges (oder vermeintlich richtiges) Verhalten und die zu erwartende Belohnung.

Der Kontext löst das Verhalten aus. Wenn Sie also Ihre Laufschuhe gleich neben den Eingang stellen oder Ihr Fahrrad gut sichtbar vor der Tür steht, ist die Wahrscheinlichkeit deutlich erhöht, dass Sie auch wirklich laufen oder Fahrrad fahren. Dasselbe gilt für den großen Flachbildschirm im Wohnzimmer – je dominanter er im Raum steht, desto mehr werden Sie fernsehen. Der Reiz ist bei eingefleischten Gewohnheiten stärker als die Selbstkontrolle.

Soziale Reize

Gewohnheiten können auch durch andere Personen ausgelöst werden. Wir sind Herdentiere, und wir tun in der Regel das, was die Herde tut, bewusst oder unbewusst. Und natürlich prägen uns besonders die Menschen, die uns nahe sind oder zu denen wir gern gehören würden.

Soziale Gruppen legen auch Statussymbole fest. Denken Sie nur, wie heute jemand angesehen wird, der kein Smartphone besitzt. In der Werbung spielen zunehmend Influencer eine Rolle, die neue Produkte platzieren und Konsumgewohnheiten beeinflussen sollen.

Soziale Gruppen sind immens schädlich oder hilfreich für die Prägung neuer Gewohnheiten. Wer viel meditieren möchte, sollte sich einer Meditationsgruppe anschließen – der Termin dort wird dann zum Auslöser. Wer für einen Triathlon trainiert, sollte sich entsprechend dafür Trainingspartner suchen.

Innere Auslöser

Innere Auslöser sind Empfindungen oder Gedanken. Es sind oft Missempfindungen wie Langeweile, Müdigkeit oder Einsamkeit, die uns plötzlich zum Kühlschrank mit dem leckeren Eis oder zur Zigarettenschachtel führen. Solche Missempfindungen sind uns oft nicht einmal bewusst. Wenn sie in uns auftauchen, besteht meistens das Verlangen, sie schnell zu beseitigen. Oft passiert das komplett unbewusst. Dieter geht dann auf den Balkon und raucht. Carola geht zum Schrank und isst ein Stück Schokolade. Daniel macht sich ein Bier auf und Britt schaut aufs Handy. Häufig ist so eine Missempfindung wie der schon beschriebene Juckreiz. Durch das Kratzen – das Ausüben der Gewohnheit – wird es allenfalls kurzzeitig besser und dann erst richtig schlimm.

Was sind Ihre Auslöser?

Halten Sie einmal beim Lesen inne, und fragen Sie sich in Bezug auf Ihre Gewohnheiten: Wodurch werden sie ausgelöst? Welche äußeren, sozialen oder inneren Auslöser führen Sie zu diesem Verhalten?

2. Craving: die Belohnungserwartung

Wir kommen nun zu der Energie, die unsere Gewohnheiten antreibt, zu der Kraft, die Gewohnheiten so mächtig macht. Meistens entsteht diese Macht sehr langsam und über lange Zeit und wir sind uns dieser Vorgänge dabei oft nicht bewusst. Stellen Sie sich vor, Sie verlassen morgens das Haus und haben vergessen, die Zähne zu putzen. Wäre das nicht ein komisches Gefühl? Hätten Sie nicht das innere Verlangen, das irgendwie nachzuholen, etwa durch einen Kaugummi, oder vielleicht würden Sie sogar überlegen, eine Zahnbürste und Zahnpasta auf dem Weg ins Büro zu kaufen. Bei Kindern, die die Gewohnheit des Zähneputzens noch nicht ausgebildet haben, wäre es sicherlich nicht so. Sie würden es einfach vergessen. Wir jedoch haben die Gewohnheit, uns morgens die Zähne zu putzen, über Jahrzehnte ausgebildet.

Als ich meine Frau fragte »Warum gehst du eigentlich regelmäßig zum Joggen?«, antwortete sie: »Weil ich das Gefühl mag, das während und nach dem Joggen entsteht.« Und ebenso mögen wir das frische Gefühl geputzter Zähne. Bewusst oder unbewusst haben wir bei jeder Gewohnheit eine Erwartung. Wir erwarten den bekannten positiven Effekt. Diese Vorfreude, dieses Verlangen, die Vorwegnahme des Guten ist das Craving. Und auch das ist größtenteils unbewusst, allerdings mit einer starken Ausschüttung von Belohnungshormonen wie Dopamin verbunden.

Je stärker das Verlangen nach Belohnung ist, desto stärker ist der innere Handlungsdruck und desto stärker wird die Gewohnheit. Deswegen berichten viele Raucher, dass sie in stressigen Zeiten besonders oft zur Zigarette greifen. Der Belohnungsreiz, das Gefühl, endlich etwas Gutes für sich zu tun, ist in solchen Zeiten erhöht. Und es spielt keine Rolle, ob die Zigarette das wirklich erfüllt oder nicht. Die Erwartung, dass sie es tun könnte, ist ausschlaggebend. Craving heißt: In der Vergangenheit hat es geklappt, dann wird es auch in Zukunft klappen.

Craving ist verbunden mit sehr tief sitzenden Bedürfnissen wie zum Beispiel:

- Bedürfnis nach Wohlbefinden
- Bedürfnis, Lust zu erleben
- Bedürfnis, Unlust und Schmerz zu vermeiden
- Bedürfnis nach sozialer Anerkennung, Liebe und Zugehörigkeit
- Bedürfnis nach Sicherheit und Kontrolle
- Bedürfnis nach Selbstbestimmung und Autonomie

Frank Stäbler hat es sich zur Routine gemacht, wenn er verliert, am nächsten Tag früher aufzustehen und eine Extrarunde zu trainieren. Er hat das Craving: »Das nächste Mal möchte ich stärker und besser sein.« Ein Rückschlag ist für ihn Ansporn, noch mehr zu trainieren. Und so war es auch nach einem WM-Kampf, als der Schiedsrichter vermutlich bestochen war und den Kampf eindeutig zu seinen Ungunsten pfiff. Stäbler hatte verloren. Er war sehr frustriert und hätte fast das Handtuch geworfen und mit dem Ringen aufgehört. Doch das alte Verlangen, der alte Biss kam ihm in den Sinn. Er sagte sich: »Ich will so viel besser sein, dass der Schiri gar keine Chance hat, den Wettkampf zu manipulieren. Ich will gewinnen.« Diese Einstellung prägt seither seine Trainingsgewohnheiten.

Craving kann mit schädigenden Gewohnheiten verbunden sein – und es kann unsere Energie in die Richtung einer tiefen Befriedigung unserer Bedürfnisse und Ziele führen. Es kann uns in die Sucht führen oder zum Überwinden von Hindernissen.

Die Sehnsucht nach dem Superreiz

In der Steinzeit gab es noch keine Pommes frites, keine Schokolade, es gab keinen Bic Mac. Heute sieht die Welt ganz anders aus, doch unser Gehirn reagiert weiterhin mit den alten Reaktionsmustern unserer Vorfahren. Deshalb wirken solche hochkalorischen, süßen, fetten, geschmacksverstärkten Produkte wie Superreize. Unser Dopaminsystem flippt förmlich aus und möchte mehr davon, wenn es einmal damit begonnen hat. Bei unseren Vorfahren war nicht immer sicher, wann es das nächste Mal etwas Leckeres zu essen gibt. Also sagt unser Gehirn: »Hau rein!«

Auch Alkohol, Tabak, Cannabis und andere Drogen sprechen auf eine intensive Weise unser Dopaminsystem an. Ein früherer Heroinabhängiger hat mir berichtet: »Heroin hat mir so ein tiefes Gefühl von Geborgenheit gegeben, danach habe ich mich dann gesehnt. Irgendwann war es mir egal, ob ich damit meine Gesundheit, mein Geld, mein Leben aufs Spiel setze, ich wollte einfach dieses Gefühl wiederhaben.«

Für viele Kinder und Jugendliche sind Computerspiele der Superreiz. Sie wollen immer wieder das intensive, spannende Gefühl haben, das sie bei solchen Spielen genießen. Normale Brettspiele oder Spiele in der Natur sind dann plötzlich langweilig. So kann es vorkommen, dass in einem Kinderzimmer voller Spielsachen plötzlich Langeweile einkehrt und die Sehnsucht nach dem Superreiz das Leben dröge macht.

Reize, die zu sehr starken Dopaminausschüttungen führen, münden in starken Gewohnheiten. Wenn diese Gewohnheiten zu Schädigungen führen, zu Kontrollverlust und negative Auswirkungen auf das berufliche und soziale Leben hat, dann sprechen wir von Süchten. Das Craving ist hier extrem stark.

Wann erleben Sie Craving? In welchen Situationen steigt in Ihnen dieser starke innere Drang auf?

Halten Sie einmal beim Lesen inne, und fragen Sie sich in Bezug auf Ihre Gewohnheiten: Was für eine Belohnung erwarten Sie? Welchen Anreiz hat dieses Verhalten? Was erwarten Sie sich oder haben Sie sich früher davon erwartet, als Sie diese Gewohnheit begannen? Wann spüren Sie starke innere Impulse, denen Sie kaum widerstehen können?

3. Verhalten/Routine

Der dritte Punkt ist das Verhalten, das dem Auslöser und der Belohnungserwartung folgt. Wenn wir an Gewohnheiten denken, fallen uns hierbei meist sichtbare Verhaltensweisen ein wie der Raucher, der vor dem Hoteleingang steht. Der Nachbar, der jeden Morgen seinen Hund Gassi führt. Die Kollegin, die zur Arbeit kommt und als Erstes ihren Arbeitsplatz einrichtet, die Jacke aufhängt, die von zu Hause mitgebrachte Teekanne aus der Tasche nimmt, sich einen Schluck dampfenden Tees eingießt und dann den PC startet.

Neben solchen gut sichtbaren gewohnheitsmäßigen Handlungen gibt es auch die, die äußerlich nicht sichtbar sind. Das erlebt Robin täglich in seinem Büro. Er teilt es mit seiner Kollegin Sarah. Regelmäßig rufen ihn Kollegen an und fragen, ob er ihnen eine kleine Auskunft geben oder etwas für sie recherchieren könne. Diese Anfragen fallen eigentlich nicht in Robins Aufgabenbereich. Aber er kann ganz schlecht Nein sagen und am Telefon schon gar nicht. Deshalb beantwortet er diese Anfragen meistens spontan, ohne viel zu überlegen, mit Ja. Er gibt bereitwillig Auskunft und übernimmt diverse zusätzliche Jobs.

Wenn eine Videokamera in seinem Büro installiert wäre, würde dieses Verhalten auf dem Film erscheinen: Robin telefoniert und tippt auf seiner Tastatur. Was aber nicht auf dem Film erscheint, sind die gedanklichen und emotionalen Reaktionen, die ebenfalls gewohnheitsmäßig ablaufen. Denn jedes Mal, wenn Robin den Hörer auflegt, ist er ärgerlich auf sich selbst. In einem Film, der Gedankenblasen darstellt, wäre zu lesen: »Mann, wie kannst du dich nur so blöd anstellen? Du hast wieder einen Job übernommen, den du gar nicht machen willst.« Robin kritisiert sich selbst. Er gerät unter Druck, weil er jetzt schneller arbeiten muss, und er möchte auch den Kollegen nicht enttäuschen, dem er zugesagt hat, dass er zurückrufen werde. Robin kennt den Ablauf dieses Gewohnheitsmusters, er hat ihn schon hunderte Male erlebt. Seine Kollegen kennen Robin auch gut, bei seiner Kollegin Sarah würden sie nie anrufen. Sie sagt klar Nein.

Das nach außen hin sichtbare Verhalten ist bei manchen Gewohnheiten nur die Spitze des Eisbergs, dahinter laufen Gedanken ab, die ebenfalls hoch automatisiert sind.

Neben gewohnheitsmäßigem Ja-Sagen oder übermäßiger Selbstkritik kann auch das Grübeln eine Denkgewohnheit sein, die uns schadet. Oder das Vorwegnehmen aller möglicher Schwierigkeiten und Katastrophen. Der Auslöser ist hier irgendeine Situation im Außen, ein Gespräch mit Freunden oder wie bei Robin der Anruf des Kollegen. Die Belohnungserwartung ist hier keine positive, sondern es geht darum, etwas Unangenehmes zu vermeiden. Wir wollen von den anderen nicht ausgeschlossen werden, wir wollen der möglichen Katastrophe etwas entgegensetzen, wir wollen uns nicht blamieren. Lieber belasten wir uns mit dem gewohnheitsmäßigen Verhalten – wir übernehmen zusätzliche Aufgaben, grübeln stundenlang oder machen uns selbst Vorwürfe.

Vermeidungsverhalten

Damit sind wir bei den sogenannten Vermeidungsgewohnheiten, die wir bewusst oder unbewusst etabliert haben, um ein unangenehmes Erleben zu vermeiden. Sie funktionieren nach dem Prinzip: »Gebranntes Kind scheut das Feuer.«

Vielleicht kennen Sie das auch: Immer, wenn ich die Unterlagen für die Steuererklärung zusammenstellen muss, dann fallen mir plötzlich unendlich viele Dinge ein, die ich vorher noch dringend erledigen sollte. Ich beginne beispielsweise zu putzen und versuche mir einzureden, dass das jetzt ganz wichtig ist. Ich tue alles Mögliche, nur um ja nicht mit der Steuer beginnen zu müssen. Hinter diesem Verhalten steckt eine Vermeidungsmotivation. Das unangenehme Erleben, das ich mit den Vorbereitungen für die Steuererklärung verbinde, möchte ich meiden. Wenn man unangenehme Dinge vor sich herschiebt, wird das auch als Prokrastination bezeichnet.

Die Hauptlast nimmt mir hier zum Glück meine Steuerberaterin ab. Schwierig wird Vermeidungsverhalten dann, wenn wir die wichtigen Dinge des Lebens vor uns herschieben und dabei auch niemanden haben, der sie für uns erledigen könnte. Ein Vermeidungsverhalten kann sich auf Prüfungen beziehen, auf Bewerbungsgespräche, aber auch auf Small Talk auf einer Party, auf Reden vor Menschen oder in einem Meeting. Auch solche Vermeidungsverhaltensweisen können zur Gewohnheit werden, ohne dass wir es bewusst entscheiden. Wir bleiben in unserem sicheren Bereich, wagen nichts, riskieren nichts, und langsam wird der Radius unserer Lebensgewohnheiten immer kleiner. Wir unternehmen nur noch, was sicher ist. Unsere Träume und Visionen haben wir längst begraben. Das Leben wird bestimmt von den ewig gleichen Ritualen. Wir erstarren in Gewohnheiten. Alles verliert seine Frische, Spontaneität und Lebendigkeit. Das Bedürfnis nach Sicherheit und Kontrolle hat die Oberhand gewonnen. Um noch einmal auf das Beispiel von Robin zurückzukommen: Er kann nicht Nein sagen, dahinter steckt ein Vermeidungsverhalten. Er hat Angst, einen Konflikt einzugehen, er befürchtet, eine Disharmonie mit seinen Kollegen nicht ertragen zu können. Um diesem Gefühl aus dem Weg zu gehen, sagt er Ja (und ist dann disharmonisch mit sich selbst).

Entdecken Sie Ihre Vermeidungsgewohnheiten

Halten Sie einmal beim Lesen inne, und fragen Sie sich in Bezug auf Ihre Gewohnheiten: Wann handeln Sie aufgrund von Ängsten oder Unsicherheiten anders, als Sie eigentlich wollen? Wann vermeiden Sie eine Tätigkeit oder einen Kontakt aufgrund von Selbstzweifeln?

Gibt es Beziehungen, Aufgaben oder Gewohnheiten, die Sie nur um des lieben Friedens willen fortsetzen?

4. Konsequenzen

Kommen wir zum vierten Punkt bei unserer Betrachtung der Gewohnheiten. Es sind die Konsequenzen, das, was am Ende unterm Strich herauskommt. Und das kann höchst erstaunlich sein. Stellen Sie sich vor, Ihnen würde eine Schachtel in die Hand gedrückt, auf der steht »Die Einnahme dieser Substanz ist für Sie lebensgefährlich«, und die Bilder auf der Schachtel zeigen todkranke Menschen. Würden Sie diese Substanz einnehmen? Ich denke, kein vernünftiger Mensch würde das freiwillig tun. Er würde sich mit aller Kraft wehren, denn die Angst vor den Konsequenzen wäre viel zu groß. Nun, es sei denn, Sie sind Raucher, dann haben Sie etwas gelernt, nämlich dass das Rauchen für Sie eine unmittelbare Belohnung bereithält. Sie haben zum Beispiel gelernt, dass es Sie mit anderen Rauchern sozial verbindet oder dass es Sie entspannt.

Für einen Raucher – genauso gut aber auch für den Tortenesser, den Schnapstrinker und den PC-Süchtigen – zählt die unmittelbare Belohnung. Die langfristigen Konsequenzen und möglichen Schäden sind ihm bekannt, aber sie entscheiden nicht über die Handlung. Ich habe auch noch nie erlebt, dass ein Raucher mit Erstaunen die Aufschrift auf einer Zigarettenpackung liest und dann sagt: »Ach wie gut, dass ich das jetzt weiß, ich werde sofort mit dem Rauchen aufhören.« Die Vorstellung, dass das Rauchen längerfristig bei manchen Menschen zu Lungenkrebs führt oder man wegen anderer Folgen ein paar Jahre weniger lebt, ist viel zu abstrakt, um eine Handlungsänderung bewirken zu können. Die Vorstellung der unmittelbaren Belohnung hingegen ist stark.

Gewohnheiten haben immer Konsequenzen, für uns selbst und andere. Sie bilden sich dort, wo wir direkt eine Belohnung erleben. Wo wir eine unmittelbare Rückmeldung erhalten oder sogar ein kleines Glücksgefühl entsteht. Das Belohnungsgefühl wird sofort abgespeichert, sodass das Gehirn beim nächsten Mal in der gleichen Situation wieder dieses gute Gefühl erleben möchte. Allem besseren Wissen zum Trotz.

Vielfältigste Belohnungsreize

Belohnungen können die unterschiedlichsten Gesichter haben. Hier ein paar Beispiele:

- Soziale Zugehörigkeit, »Belohnungen des Stammes«
- Gefühle von Lust, Lebendigkeit und Freude
- Spürbare Befriedigung der Grundbedürfnisse, zum Beispiel nach Essen, Trinken oder Schlafen
- Befriedigung des Jagdtriebs

Der Nachteil von kurzfristigen Belohnungen liegt auf der Hand. Und leider überwiegen diese schnellen Kicks bei unseren schlechten Gewohnheiten. Denn sonst würden wir uns diese ja ganz rasch abgewöhnen können. Doch sie lenken uns dorthin, wo sich eine schnelle Befriedigung erlangen lässt. Unser modernes Umfeld macht es ihnen dabei sehr leicht. Überall können wir unzählige Dinge kaufen, die unser Belohnungszentrum kickt, die uns aber längerfristig nicht guttun. Wenn wir nicht lernen, bewusst und im Sinne unserer eigentlichen Ziele und Wünsche gegenzusteuern, werden wir immer zu viel essen, zu viel konsumieren, zu viel herumsurfen und zu viele natürliche Ressourcen verbrauchen.

Der zweite Nachteil solcher Gewohnheiten besteht darin, dass wir die Dinge vernachlässigen, die uns wirklich wichtig sind, die mit langfristiger Zufriedenheit verbunden sind, mit echter Befriedigung. Wenn wir zum Beispiel anfangen, uns neue Kompetenzen wie eine Fremdsprache, ein Musikinstrument oder eine neue Sportart anzueignen, werden wir am Anfang kaum belohnt. Es ist anstrengend und oftmals frustrierend. Bis eine Gewohnheit daraus wird, täglich zu üben, dauert es deutlich länger als beispielsweise bei der Gewohnheit, abends vor dem Fernseher eine Tüte Chips zu öffnen. Doch langfristig gesehen liegt auf der Hand, was uns mehr Vorteile bringt.

Welche Konsequenzen hat Ihre Gewohnheit?

Halten Sie einmal beim Lesen inne, und fragen Sie sich in Bezug auf Ihre Gewohnheiten: Welche Konsequenzen tragen Sie durch sie?

Was Sie über Gewohnheiten wissen sollten

- 40 bis 50 Prozent unseres alltäglichen Verhaltens sind Gewohnheiten.
- Gewohnheiten sind Verhaltensweisen, die genutzt werden, um mit möglichst wenig Energie den Alltag zu bewältigen. Sie bestimmen unseren Lebensstil und unser Alltagshandeln in den Bereichen Ernährung, Bewegung, Konsum, Fortbewegung, Arbeit, Erziehung, Kommunikation, Nutzung technischer Geräte und so weiter.
- Sie enthalten den Schatz unserer Erfahrungen, im Guten wie im Schlechten. Sie sind ein Teil unseres abgespeicherten Wissens aus der Vergangenheit. Sie können uns stärken, aber sie können uns auch schädigen.
- Gewohnheiten funktionieren hoch automatisiert. Sie benötigen nur wenig oder keine bewusste Steuerung. Gewohnheiten wer-

den oft stärker von der Umwelt kontrolliert als von unseren bewussten Entscheidungen.

- Habits werden von auslösenden Reizen, also vorrangig von der Umwelt, bestimmt. Es erfordert Wachheit und Aufmerksamkeit, um Gewohnheiten bewusst zu kontrollieren und zu steuern.
- Gewohnheiten bestehen aus vier Punkten: Auslöser, Belohnungserwartung (Craving), Verhalten/Routine sowie Konsequenzen/Belohnung.
- Gewohnheiten können zu exzessivem Verhalten führen und zur Sucht werden, wenn die Belohnungserwartung anhält, Beispiele sind Alkoholsucht oder Spielsucht.
- Vermeidungsgewohnheiten bestehen darin, dass hoch automatisiert unangenehme Reize oder Erfahrungen gemieden werden, was Angst- oder Zwangsstörungen fördern kann.
- Gewohnheiten sind wesentlich mitverantwortlich für die Entwicklung vieler somatischer Erkrankungen wie Rückenleiden, Herzkreislauferkrankungen und Diabetes. Sie sind ebenfalls ein wesentlicher Faktor bei der wachsenden Zahl psychischer Erkrankungen wie Depressionen, Angststörungen und Süchte.
- Unsere Lebensgewohnheiten (vor allem Konsum, Ernährung, Wohnen und Fortbewegung) haben nachhaltige Folgen für die Umwelt, insbesondere den Klimawandel und das Artensterben.
- Wir können Gewohnheiten lenken und in Richtung unserer Ziele steuern lernen.
- Um Gewohnheiten zu ändern ist es notwendig, an ihren unterschiedlichen Micro-Elementen anzusetzen.

Gewohnheiten erfolgreich verändern

Gewohnheiten können ganz schön zäh sein. Das brauche ich Ihnen sicherlich nicht zu erzählen. Und doch können wir sie verändern. Wir können uns all das zunutze machen, was in unserem Gehirn bei Gewohnheiten abläuft. Wiederholung macht aus einer einfachen Verhaltensweise ein Habit. Das, was Sie täglich tun, prägt und formt Ihr Gehirn. So wie eine Landschaft von dem Wasser geprägt wird, das sie durchflutet. Dieser Mechanismus hat dazu geführt, dass Sie heute bestimmte Gewohnheiten haben. Und es kann genauso dazu führen, dass Sie neue Gewohnheiten schaffen und alte Flussbetten austrocknen lassen. Genau darum soll es in diesem Buch ja vor allem gehen. Bevor wir zu den praktischen Anregungen kommen, möchte ich noch kurz ein Beispiel dazu schildern, mit welcher Grundeinstellung es funktionieren kann und mit welcher nicht.

Was braucht es für den Erfolg?

Die Faschingszeit war vorüber, und ich leitete mit einer Kollegin eine Gruppe von Männern an, die sich alle vorgenommen hatten, bis Ostern keinen Alkohol zu konsumieren. Die Gruppe hieß »Sieben Wochen ohne«. Die Gruppenmitglieder stellten sich vor, dabei berichtete Jonas: »Ich weiß selbst nicht, ob ich ein Alkoholproblem habe, und möchte in der Gruppe herausfinden, ob ich meine Alkoholgewohnheiten im Griff habe oder ob ich ein Suchtproblem habe. Ich will selbst bestimmen können, ob ich trinke oder nicht. Ich glaube, wenn ich mir zeigen kann, dass ich sieben Wochen ohne Alkohol klarkomme, dann ist das ein gutes Zeichen für mich. Ich arbeite als Versicherungskaufmann und will auf keinen Fall durch Alkohol meine beruflichen Perspektiven gefährden.«

Thomas sagte: »Mir wurde von der Suchtberatungsstelle empfohlen, mal so etwas zu machen. Ich denke, es ist kein Problem, mal ein paar Wochen ohne Alkohol zu leben.«

Ich stellte den Gruppenteilnehmern zwei Fragen: »Wie stark sind Sie motiviert, sieben Wochen wirklich komplett auf Alkohol zu verzichten? Geben Sie dies auf einer Skala von 1 bis 10 an. 1 bedeutet eine ganz geringe Motivation, 5 eine mittlere Motivation und 10 eine sehr starke Motivation. Und die zweite Frage lautet: Wie schätzen Sie Ihre Trinkgewohnheit ein, ebenfalls von 1 bis 10? 1 bedeutet, Sie trinken sehr wenig, und in Ihrer Biografie spielt Alkohol eigentlich keine Rolle. 5 bedeutet, Sie trinken mäßig, und Ihre Alkoholgewohnheit ist auch in der Vergangenheit mäßig ausgeprägt gewesen. 10 heißt, Sie trinken viel und haben auch schon früh in Ihrer Jugendzeit mit einem intensiveren Alkoholkonsum begonnen.

Jonas beantwortete die Fragen sehr spontan: »Ich habe eine sehr hohe Motivation, die sieben Wochen wirklich ganz auf Alkohol zu verzichten. Ich würde auf der Skala die 8 oder 9 ankreuzen. Und meine Trinkgewohnheiten würde ich bei 5 ansiedeln.«

Thomas antwortete: »Na ja, meine Suchtberaterin hat gesagt, das wäre mal gut für mich. Ich würde sagen, meine Motivation liegt bei 5. Und über meine Suchtgewohnheiten rede ich nicht so gern und würde mal sagen 7.«

Wenn wir uns mit Gewohnheiten beschäftigen, dann entdecken wir schnell zwei Kräfte, die unser Verhalten in der Gegenwart bestimmen. Da ist einerseits unsere Absicht, unsere Werte, Ziele oder einfach das, was wir in unserer Lebenssituation gern tun wollen. Diese Seite der Waage bestimmt unsere Motivation. Und es gibt eine zweite Kraft, das sind unsere Gewohnheiten, die wir im Laufe unseres Lebens entwickelt haben. Sie bilden die andere Waagschale. An den Antworten der beiden Teilnehmer konnte ich erkennen, dass die Waage bei Jonas auf die Motivationsseite kippt. Bei Thomas war es hingegen die Gewohnheitsseite.

Wenn diese Waage zum Beispiel auf einem Fest in Richtung Gewohnheit kippt, dann wird zum Rotweinglas gegriffen. Wenn Thomas oder Jonas sich bei der Essensbestellung im Restaurant jedoch an ihren Vorsatz erinnern, nichts zu trinken, dann wird eine Apfelsaftschorle bestellt – die Waage kippt in Richtung Motivation. Es gibt jeweils nur einen Gewinner. Die Entscheidung geht in die eine oder in die andere Richtung.

Wie aber ging es im Kurs weiter? Jonas berichtete wöchentlich, in welchen Situationen es schwierig war, auf Alkohol zu verzichten. Da war zum Beispiel die Abschiedsfeier von einem befreundeten Kollegen, und es war nicht leicht für ihn, mehrfach am Abend alkoholische Getränke abzulehnen. Er erzählte allen in seinem Umfeld, dass er an diesem Kurs teilnehme, und erhielt viel Unterstützung, manche seiner Kollegen und Freunde sagten, dass sie eine solche Challenge auch mal machen sollten. Einzelne Freunde schauten ihn aber auch fragend an und wollten wissen, ob er ein Alkoholproblem habe.

Thomas hingegen berichtete in jeder Stunde, wie super es mit dem Verzichten klappen würde. Er habe gar keine Probleme damit. Die anderen Gruppenteilnehmer waren etwas verwundert darüber, da es allen zeitweise schwerfiel, auf Alkohol zu verzichten. Doch Thomas' Berichten zufolge war alles easy. Bei einer Gruppenstunde erzählte er gerade wieder im Brustton der Überzeugung, dass das Verzichten auf Alkohol für ihn kein Problem sei. Wir rochen jedoch alle, dass er eine Fahne hatte, obwohl er ständig Kaugummi kaute. Die Teilnehmer sprachen ihn darauf an, Thomas beharrte darauf: Das sei nur sein Deo, das etwas nach Alkohol rieche. Er habe nichts getrunken.

Wie sich herausstellte, hatte Thomas tatsächlich während der sieben Wochen weitergetrunken und konnte durch seine gering ausgeprägte Motivation sein Konsumverhalten auch nicht verändern. Bei ihm war die Gewohnheit zur Sucht geworden, er hatte zu diesem Zeitpunkt nur wenig willentliche Kontrolle über seinen Alkoholkonsum. Und auch die Einsicht in sein Problem war bei ihm nicht gegeben. Motivation und Einsicht, das sind ganz entscheidende Faktoren, wenn wir etwas verändern möchten. Jonas hatte diese beiden Qualitäten – und so waren für ihn diese sieben Wochen tatsächlich der Anfang eines Lebensstils, bei dem er seinen Alkoholkonsum gut im Griff hatte und gelegentliche Gläschen entspannt genießen konnte. Um den Konsum gut im Griff zu haben, halfen ihm immer wieder Phasen des völligen Verzichts.

Im Bewusstsein der eigenen Endlichkeit

Woher nehmen wir die Motivation, etwas zu ändern, auch wenn uns das zeitweise schwerfällt? Es gibt hier sicherlich ganz viele, individuell unterschiedliche Ansatzmöglichkeiten. Ich möchte Ihnen einen vorstellen und Sie anregen, Ihren eigenen Anschub zu finden. Im Laufe meines Lebens hat es mich immer wieder tief berührt, wenn ich Menschen begleitet habe, die eine schwere Erkrankung in sich trugen und sehr bewusst mit ihrer Endlichkeit umgingen. Sehr beeindruckt war ich von der Energie, die manche in so einer Situation aufbrachten, um mit alten Gewohnheiten zu brechen, zerstörte Beziehungen wieder in Ordnung zu bringen und insgesamt ihr Leben aufzuräumen. Sie machten sich auf den Weg, ihre Werte zu klären und die verbleibende Zeit sinnvoll zu nutzen.

Die Erfahrung unserer eigenen Endlichkeit scheint uns wachzurütteln, sie lässt uns die Kostbarkeit unseres Lebens neu entdecken. Wenn die Zeit begrenzt ist, fragen wir uns, was wirklich zählt, was wirklich wichtig ist im Leben. Es fördert unsere aktive, wache Aufmerksamkeit, und wir haben kein so großes Interesse mehr daran, stets nur den bequemsten Weg und die kurzfristige Belohnung zu suchen. Es ist wie ein Erwachen aus dem Halbschlaf. Wir wollen unsere Zeit nicht mehr mit Unwichtigem verschwenden.

Zum Glück aber brauchen wir natürlich keine schwere Krankheit oder eine anderweitig bedrohliche Lebenssituation, um aufzuwachen und uns das Leben zu gestalten, das wir möchten. Wir können jederzeit damit beginnen, unsere Gewohnheiten unter die Lupe zu nehmen und zu verändern. Entwickeln Sie eine Vision von den Gewohnheiten, die Sie in Ihrem Leben etablieren und ausgestalten wollen – in der begrenzten Zeit, die Ihnen zur Verfügung steht. Fragen Sie sich immer wieder, ob Sie genau das verfolgen, was in Ihrem Leben für Sie wertvoll und wichtig ist. Wie wollen Sie einmal auf Ihr Leben zurückblicken, wenn Sie fünfundachtzig sind? Wie wollen Sie dann gelebt haben?

Um aus unseren alten verstaubten Gewohnheiten auszubrechen, benötigen wir eine große innere Wachheit und Lebendigkeit. Wir benötigen den lebendigen Kontakt zu dem, was für uns zählt. Mir gefällt in dieser Hinsicht ein Spruch, der in vielen Zen-Klöstern täglich am Abend rezitiert wird:

Aus tiefstem Herzen sage ich euch allen,
immer geht es um Leben und Tod.
Alles vergeht und kein Verweilen kennt der Augenblick.
Übt Achtsamkeit, seid nicht nachlässig und nicht vergesslich.

Leistungssportler wie Frank Stäbler haben ihren Trainer, das ständige Feedback und den Wettkampf – das alles hält sie wach und in der Spur. Was aber hilft Ihnen dabei, Ihre Wachheit und aktive Aufmerksamkeit für das zu bewahren, was zählt? Für viele Menschen ist die Bewusstheit der eigenen Endlichkeit eine Art Trainer. Wir haben nur dieses Leben mit all den Bedingungen, die es enthält. Und wir haben die Chance, das Allerbeste daraus zu machen. Im folgenden Teil des Buches schauen wir uns ganz praktisch an, wie das gelingen kann.

MICRO-HABITS-VERWANDLUNG: GUTE GEWOHNHEITEN IN FÜNF SCHRITTEN

Dies ist das Kernstück dieses Buches. Die folgenden Seiten zeigen Ihnen einen Weg in fünf Schritten, mit dem Sie

- schädliche und lästige Gewohnheiten ablegen und
- erfreuliche und günstige Gewohnheiten etablieren können.

Was macht es aus, wenn es jemandem wirklich gelingt, seine Gewohnheiten nachhaltig zu verändern? In meiner Praxis erlebe ich solche Menschen immer wieder und auch Sie haben es sicher schon bei sich selbst oder Menschen in Ihrem Umfeld beobachten können. Jemand hört auf zu rauchen, obwohl man ihn sich gar nicht mehr ohne Zigarette vorstellen konnte. Ein Fast-Food-Junkie stellt seine Ernährung komplett um und wird zum leidenschaftlichen Gesundkoch. Ein Dritter nimmt den Weg vom Couch-Potato zum Marathonläufer. Was muss geschehen, damit so etwas möglich wird? Der Schlüssel ist, Gewohnheiten für das zu nutzen, was uns wertvoll und wichtig ist im Leben.

Betrachten wir es an einem, vielleicht etwas extremen Beispiel: Andreas leidet schon lange unter Ängsten und depressiven Phasen und lebt ein sehr zurückgezogenes Leben – zusammen mit seiner Frau und seinen Kindern. Die haben zwar wenig Verständnis dafür, dass er sich möglichst von allem fernhält, doch es ändert nichts: Gewohnheitsmäßig sagt Andreas zu jeder Gelegenheit Nein, die ihn aus seinen vier Wänden und seiner Lethargie locken könnte. Eines Tages aber hat seine Frau einen Unfall, sie fällt die Treppe hinunter und muss ins Krankenhaus. Sie erleidet mehrere Brüche und muss operiert werden. Andreas ist schockiert. Was soll er nun tun? Seine Frau hat immer für ihn gesorgt, um alles hat sie sich gekümmert, und nun kann sie es nicht mehr. Andreas fühlt sich vollkommen hilflos.

In unserem Gespräch versuche ich, ihn wieder mit dem in Verbindung zu bringen, was ihm wirklich wichtig ist. Die schwierige Situation und seine aufgewühlten Gefühle könnten schließlich eine Chance darstellen, dass er sein Leben wieder aktiv in die Hand nimmt. So erinnert er sich in seiner aktuellen Not endlich an einen tiefen Wunsch und an seine ureigene Vorstellung vom Leben: »Ich möchte für meine Frau und meine Kinder da sein. Und ich möchte jetzt für meine Frau sorgen.«

Er beginnt, in vielen kleinen Schritten sein Leben zu ändern. Er war seit langer Zeit nicht mehr einkaufen – und nun steigt er ins Auto und fährt ins nächste Einkaufszentrum. Er beginnt, den Haushalt so gut es geht zu führen und schulische Belange mit den Kindern zu besprechen. Alles Dinge, die er seit Jahren nicht mehr unternommen hat. Natürlich treten dabei Unsicherheiten und Ängste auf. Doch in dieser besonderen Situation spürt er das Ziel, ein guter Mann und Vater zu sein, so stark in sich, dass er sich nicht von seiner Absicht abbringen lässt und täglich neu über seinen Schatten springt.

Er hasst Krankenhäuser, schließlich könnte er sich dort die schlimmsten Keime holen. Dennoch besucht er nun regelmäßig seine Frau in der Klinik und bespricht sich wo nötig auch mit den Ärzten. Durch die Krise, vor allem aber durch den tiefen Wunsch, für seine Familie da zu sein, ändert er in wenigen Wochen sehr viele seiner zuvor jahrelang gepflegten Vermeidungsgewohnheiten. Wie nebenbei wird er dadurch auch zu einem deutlich zufriedeneren Menschen. Als seine Frau nach einigen Wochen wieder gesund und zu Hause ist, kann er in seinen neuen Gewohnheiten als aktiver und fürsorglicher Mensch bleiben. Andreas ist ein anderer geworden.

In höchster Not

Viele Menschen dringen erst dann zu ihrer inneren Stärke vor, wenn die Realität schon hart zugeschlagen hat, wenn der Burn-out, die Krankheit oder die Trennung vom Partner ihnen das Wasser bis zum Halse stehen lässt. Wenn sie, wie Andreas, in einer Pattsituation feststecken. Ich kenne viele Menschen, bei denen eine schwere Erkrankung diagnostiziert wurde, und nach dem Schock der Diagnose begannen sie, in ihrem Leben aufzuräumen. Plötzlich ist die Kraft da, Ernährungsgewohnheiten umzustellen, Blutdruck und Insulinspiegel zu messen und mit einer gesunden Lebensweise zu senken. Bewegungs- und Arbeitsgewohnheiten werden plötzlich verändert, weil das Ziel so klar vor Augen steht: die verbleibende wertvolle Lebenszeit bestmöglich zu nutzen, die Gesundheit zu pflegen und mit den Lieben schöne Dinge zu erleben. In höchster Not verschieben sich die Prioritäten. Als beim Liedermacher Georg Danzer Lungenkrebs festgestellt wurde, rief er, der jahrzehntelang viel und gern geraucht hatte, andere Menschen auf, diese Sucht unbedingt abzulegen.

Der Philosoph Hans Jonas geht in seinem Buch *Das Prinzip Verantwortung* davon aus, dass wir Menschen oft erst dann erwachen und tief greifende Veränderungen vornehmen, wenn schlimme Ereignisse bereits eingetreten sind. Der Klimawandel ist für diese Annahme vermutlich das beste Beispiel. Der Club of Rome hat die Szenarien, die wir nun schon zum Teil erleben, bereits in den frühen 1970er-Jahren beschrieben. Für den größten Teil der Regierenden und der Bevölkerung waren diese Prognosen aber einfach zu weit weg, und die nächste Wahl war für die Politiker wichtiger und für die Menschen die nächste Flugreise oder das Pendeln mit dem Auto einfach bequemer und realer als irgendwelche langfristigen Konsequenzen, die man nicht einmal direkt erlebt oder spürt. Heute wissen wir, dass die Forscher auch damals schon recht hatten. Doch es wird eine ungeheuer große Kraftanstrengung brauchen, die Gewohnheiten von Milliarden von Menschen in eine Richtung umzulenken, die das Überleben von Mensch und Tierwelt weiter ermöglichen kann.

Aber gehen wir zurück zu unserem individuellen Leben. Ich weiß nicht, an welcher Stelle Sie in diesem Moment in Ihrem Leben stehen. Ich weiß nicht, was Sie gerade am meisten brauchen und wünschen. Mein tiefer Wunsch ist es, Sie wieder in Verbindung zu bringen mit Ihrer innersten Lebenskraft und Ihr Leben an dem auszurichten, was Ihnen wirklich am Herzen liegt. In diesem Kapitel werde ich Ihnen fünf Schritte zur Veränderung Ihrer Gewohnheiten vorstellen und Ihnen dabei viele Anregungen geben. Ich möchte Sie bitten, mit alldem einfach zu experimentieren und herauszufinden, was Ihnen hilft, das Leben zu führen, das Sie sich wünschen. Ganz unabhängig davon, von wo aus Sie starten, ob Sie Ihr Leben als gut, aber durchaus verbesserungswürdig empfinden oder als »reine Katastrophe«. Ich habe Menschen erlebt, die heroinabhängig oder schwerstalkoholabhängig waren, die starke Essstörungen hatten oder die sich mehrfach krankenhausreif gearbeitet hatten. Sie haben ihren Weg aus der Sucht und aus der Angst gefunden. Es gibt die vielfältigsten, starken Kräfte in uns, die uns dabei helfen, auch die eingefahrensten Gewohnheiten und sogar Süchte loszulassen.

So intensiv wie bei Andreas müssen Veränderungen im Leben eines Menschen gar nicht sein. Doch wann immer es uns gelingt, irgendeine kleine, aber tief eingefahrene Gewohnheit zu verändern, zieht das weitere Veränderungen nach sich. Micro Habits haben eine ungeheure Kraft. Wann immer ich in meiner Praxis, in meinem eigenen Erleben oder in meinem Umfeld solche Veränderungen von Gewohnheiten beobachten durfte, habe ich mich gefragt, was das Muster dahinter ist. Fünf Schritte haben sich für mich dabei herauskristallisiert – und benannt habe ich sie nach den fünf Buchstaben des Wortes Micro wie eben in Micro Habit. Auch wenn ich die Sprache dabei manchmal ein wenig verbiegen musste, fand ich es wertvoll, ein ganz einfaches System auf der Basis dieses Wortes anbieten zu können, das man sich kinderleicht merken kann. Jeder einzelne Schritt wird im Folgenden noch genauer beschrieben.

In fünf Schritten zu guten Gewohnheiten

Micro-Habit-Schritt 1: **M**erken – Was geschieht tatsächlich?

M**i**cro-Habit-Schritt 2: **I**ntention finden – Was ist mir wirklich wichtig? Was ist meine Herzensangelegenheit? Was möchte ich langfristig?

Mi**c**ro-Habit-Schritt 3: **C**omplicationen managen – Wie kann ich die Schwierigkeiten auf dem Weg überwinden?

Mic**r**o-Habit-Schritt 4: **R**outine aufbauen – Wie etabliere ich neue gute Gewohnheiten? Hier spielen hinein:

a) Selbstmotivation

b) Umweltkontrolle

c) Verhaltensplanung

d) Wertorientierte Belohnungen und Konsequenzen

Micr**o**-Habit-Schritt 5: **O**hne Vorwurf – Wie kann ich mir selbst ein freundlicher Coach sein, auch bei Rückfällen?

Micro-Habit-Schritt 1: Merken – Was geschieht tatsächlich?

Bleiben wir noch ein wenig bei Andreas, dessen Beispiel ich eingangs geschildert hatte. Vor seiner Veränderung lag er morgens oft sehr lange im Bett. Auch wenn er gar nicht mehr schlafen konnte, lag er weiter herum und wälzte schwere Gedanken. Er hatte keinen Anreiz aufzustehen. Oft grübelte er darüber nach, ob er eine schlimme Krankheit haben könnte und akute Symptome wahrnahm. Das war für ihn zur Gewohnheit geworden, und damit hatte er oft schon eine Entscheidung für den Rest seines Tages gefällt: Er hatte sich für den Weg der Vermeidung und des Rückzugs entschieden.

Als seine Frau im Krankenhaus war und er nicht weiterwusste, wurde ihm seine Lage so richtig bewusst. Er lag morgens grübelnd im Bett – und nichts passierte. Und es würde auch in den nächsten Stunden nichts passieren, wenn er selbst nicht endlich aktiv würde. Seine Frau würde ihn nicht zum Aufstehen drängen – und es würde sich auch niemand um die Kinder kümmern. Was er da tat, erschien ihm sinnlos und dumm. Das machte ihn zwar traurig, aber es gab ihm auch den Schwung, endlich loszulegen. Er wollte für seine Familie da sein. Das wurde ihm jetzt endlich bewusst. Es war ihm wichtig, dafür überwand er seine Muster.

Heute kennt Andreas die Gefahren: Sobald er länger im Bett bleibt und den Vormittag verschläft, schleichen sich wieder diese lethargischen und sorgenvollen Gedanken ein, die er so gut kennt. Heute aber bemerkt er es und überlässt sich nicht mehr der alten Grübelgewohnheit. Heute entscheidet er selbst, so wie es ihm guttut.

Micro-Habit-Schritt 1: Merken
Micro-Habit-Schritt 2: Intention finden
Micro-Habit-Schritt 3: Complicationen managen
Micro-Habit-Schritt 4: Routine aufbauen
Micro-Habit-Schritt 5: Ohne Vorwurf

Bemerken, was ist

Um Gewohnheiten zu verwandeln, müssen wir sie zuerst bemerken. Erst im Wahrnehmen von dem, was wir eigentlich tun und was das mit uns macht, können wir den Gang wechseln und uns in die gewünschte Richtung lenken. Das Bemerken kann ganz einfach sein: Der Krimi im Fernsehen ist zu Ende – und uns ist schlecht. Auf dem Couchtisch liegt das Papier von zwei Tafeln Schokolade. Leer. Wir bekommen einen Schreck und ärgern uns. Oder der Blick in den Kalender verrät uns, dass wir schon wieder mal wochenlang keinen Ausflug in die Berge gemacht haben, obwohl wir uns das doch so fest vorgenommen hatten. Einmal im Monat ein Hüttenwochenende. Aber nein! Wir verschieben und verschieben es.

Die Erfahrung in Schritt 1 ist oft sehr unangenehm, aber nötig. Wir nehmen die Diskrepanz wahr zwischen dem, was wir »eigentlich« wollen, und dem, was wir tatsächlich tun. Für mich selbst war es zum Beispiel sehr frustrierend, als ich vergangenen Herbst auf der Waage stand und feststellte, dass ich mein persönliches Höchstgewicht ever erreicht hatte. So viel hatte ich noch nie in meinem Leben gewogen, und das, bevor die Weihnachts- und Lebkuchenzeit begonnen hatte. Normalerweise kenne ich Höchststände erst nach den Weihnachtsferien. Und nun war die Schallmauer bereits im Herbst durchbrochen. Ich war wirklich frustriert – und nur weil ich diese Frustration erlebte, entstand der tiefe Wunsch, meine Essgewohnheiten zu ändern. Die Frustration brachte mich zum Innehalten und zum Nachdenken. Durch die Frustration wurde die Energie frei, eine wirkliche Veränderung zu bewirken.

Den Schmerz durchleben

Um eine tief sitzende Gewohnheit zu verändern, brauchen wir auch die Energie unserer Gefühle. Bei mir war es der Frust. Bei Andreas die Traurigkeit – genauso wie kürzlich bei meinem achtjährigen Sohn. Nach einigen Fortschritten beim Lesenlernen hatte er plötzlich keine Lust mehr. Er fand es zu anstrengend und gab immer früher auf. Kein Buch war mehr spannend genug für ihn. Immer, wenn wir ihn ermuntern wollten, etwas zu lesen, fand er Ausflüchte. Doch eines Abends weinte er und war sehr traurig darüber, dass seine Fähigkeiten beim Lesen so schlecht geworden waren. Wir trösteten ihn und versprachen, ab morgen wieder mehr mit ihm zu lesen. Und dann passierte das Erstaunliche: Am nächsten Tag wachte er auf, ging zu seinem Regal und holte sich seine alten Bilderbücher heraus. Er schaute sie durch und griff dann zu bebilderten Büchern mit extragroßer Schrift. Er las sie – und er war stolz darauf. Er hatte die Vermeidungsgewohnheit, die sich bei ihm eingeschlichen hatte, unterbrochen. Das machte ihn sehr zufrieden.

Ich kenne viele Menschen, die erst diesen emotionalen Energieschub benötigen: Jetzt ist das Fass übergelaufen, und damit ist plötzlich die Energie da, mit dem Rauchen aufzuhören, die Turnschuhe hervorzuholen oder ein Coaching zu beginnen, um endlich die Schritte zu machen, die schon lange anstehen.

Die Kontrolle zurückgewinnen

Warum sind das Innehalten und Merken so wichtig? Gewohnheiten laufen automatisch und unbewusst ab. Sie sitzen in einer tieferen Region unseres Gehirns als unser Bewusstsein. Wir tragen aber einen Entscheider in uns, nämlich den präfrontalen Cortex. Den nutzen wir bei allen Entscheidungen, die nicht gewohnheitsmäßig ablaufen, zum Beispiel wenn wir in einer fremden Stadt über eine verkehrsreiche Straße gehen oder ein Essen aus einer Speisekarte auswählen.

Theoretisch können Sie jederzeit Gewohnheiten bewusst wahrnehmen und entscheiden, ob Sie ihnen folgen wollen oder nicht. Sie müssen sich diese Macht nur bewusst machen. Andreas hat gelernt, seine Grübelgewohnheit zu unterbrechen. Er weiß: Wenn er anfängt, zu grübeln, ist es für ihn wichtig, dies zu bemerken. Um Abstand von den kreisenden Gedanken zu bekommen, hilft es ihm, aktiv zu werden und zum Beispiel aufzuräumen oder im Garten zu arbeiten. Ebenso weiß er heute: Wenn er zu lange im Internet surft, beginnen wieder hintergründig negative Gedanken. Sobald er es bemerkt, hält er inne und nutzt aktiv die Entscheidungskraft in sich.

Bemerken und sich innerlich distanzieren: »Aha, das tue ich gerade. Will ich das wirklich?« Dieses Bemerken und Bewusstmachen ist zu jedem Zeitpunkt möglich. Es ist der erste Schritt – ob die weiteren auch erfolgen, ist an dieser Stelle noch nicht sicher. Und vielleicht auch gar nicht so entscheidend. Denn jede Veränderung beginnt damit, dass wir überhaupt merken, was los ist. Und vielleicht merken wir es zwanzigmal, bis wir endlich auch Schritt 2 folgen lassen.

Ich beispielsweise war in diesem Frühling bei einem Osterbrunch. Eigentlich hätte ich etwas Salziges essen wollen, aber es lagen nur Süßigkeiten, Gebäck und Schokoeier auf dem Tisch. Gut, dann aß ich eben das, immer so nebenbei, während wir ein Gesellschaftsspiel spielten. Bald war mir leicht übel, doch ich griff noch einmal zu. Und noch einmal. Schnell wuchs mein Ärger, denn ich handelte anders, als ich wollte, obwohl ich genau wusste, was ich eigentlich wollte. Mir gelang ab einem Moment zwar, zu bemerken, was ich tue. Doch innezuhalten, Abstand zu nehmen, eine bewusste Entscheidung zu treffen und danach zu handeln, dieser Gangwechsel gelang mir nicht.

Doch genau das hätte den Automatismus unterbrochen. Es ist, wie wenn Ihnen auf der Autofahrt nach Hause plötzlich einfällt: »Ich wollte ja einkaufen.« Sie unterbrechen die Routine und machen noch den Schlenker zum Einkaufszentrum. Ich konnte beim beschriebenen Brunch nur Schritt 1 vollziehen, mehr nicht. Dennoch machte mir mein Ärger sehr deutlich, dass ich hier eine Gewohnheit aufgedeckt hatte, die ich nicht weiter so hinnehmen wollte: einfach gedankenlos reinfuttern, was auf dem Tisch steht.

Der größere Rahmen

Dieses Merken, was man tut, kann auch einen größeren Rahmen betreffen. Dann geht es nicht darum, dass Sie bemerken, dass Sie schon wieder eine Zigarette in der Hand haben oder nicht zum Training gehen, obwohl es Ihr Trainingsdienstag ist. Was ich hier meine, ist ein anderes Bemerken: Dann erzählen Sie Ihren Freunden und Kollegen immer wieder, dass Sie gar nicht mehr so viel rauchen – und plötzlich merken Sie, dass das glatt gelogen ist. Heute Morgen haben Sie eine neue Schachtel gekauft und jetzt ist sie leer. Sie rauchen mehr denn je. Oder Sie haben das Grundgefühl eines Menschen, der viel Sport macht, schließlich sind Sie im Fitnessstudio angemeldet – und plötzlich wird Ihnen bewusst, dass Sie dort nur ganz selten hingehen, auch wenn Sie es sich jede Woche zweimal in den Kalender schreiben. Auch diese Art von Bemerken tut weh. Sie haben ein Bild von sich, dass Ihnen gefällt. Doch es entspricht gar nicht der Realität. Auch dieses Bemerken, so unangenehm es sich anfühlen mag, ist wichtig. Auch so kann Schritt 1 im Verändern Ihrer Micro Habits aussehen.

Das reine Bemerken allerdings genügt nicht, um eine Gewohnheitsspur zu verlassen, wie es sich bei meinem Osterbrunch zeigte. Ich hätte vermutlich aufstehen und etwas vom Tisch weggehen müssen, um noch weiter Abstand zu nehmen und mir zu überlegen: »Was brauche ich jetzt wirklich?« Der Gewohnheitsfluss hat mich stattdessen in die bequemste Richtung gezogen. Wir benötigen noch weitere Tools, um in solchen Momenten oder ganz allgemein im Leben umzusteuern. Doch wir sind ja hier auch erst bei Schritt 1.

Micro-Habit-Schritt 1: Merken – Was geschieht tatsächlich?

Darum geht's:

Innehalten und die momentane Realität bemerken, das kann uns aus gewohnheitsmäßigen Automatismen befreien. Es hilft uns auch, die Schwierigkeiten und das Schädliche an unseren Gewohnheiten zu erkennen.

Im bewussten Bemerken kommen wir in den direkten Kontakt mit dem, was automatisch abläuft. Wir können die Gewohnheit live in Aktion beobachten. Unser präfrontaler Kortex, der bei dieser Gewohnheit vielleicht jahrelang geschlafen hat, ist nun plötzlich wach und aktiv.

Innehalten und Merken, was geschieht – ganz praktisch

Für unser Gehirn ist es einfacher, den Automatismen und Gewohnheiten zu folgen. Eingeschliffene Gewohnheiten laufen mit minimaler Aufmerksamkeit ab. Durch Verlangsamung und bewusste Aufmerksamkeitslenkung auf das Erleben und die sinnlichen Eindrücke im Augenblick können wir uns Gewohnheiten bewusst machen, sie unterbrechen oder in eine andere Richtung lenken. In dem Moment bekommen wir ein wenig Abstand. Dieser Abstand, diese bewusste Wahrnehmung eröffnet uns eine Welt neuer Möglichkeiten.

Ein Beispiel zur Illustration: Ich habe eine Schale Erdbeeren gekauft, nebenbei probiere ich eine, und in mir ist der Impuls sehr stark, jetzt eine Erdbeere nach der anderen in Höchstgeschwindigkeit zu verschlingen. Das ist der Moment zum Innehalten, Merken und Aussteigen aus dem Impuls. Ich nehme den inneren Impuls wahr, aber ich folge ihm nicht. Ich setze mich an den Küchentisch und spüre den inneren Drang. Ich schaue aus dem Fenster, spüre, wie ich auf dem Stuhl sitze. Ich spüre meinen Atem und mein inneres Getriebensein. Langsam spüre ich, wie Drang und Druck weniger werden und sich etwas entspannen. Durch ein solches bewusstes Innehalten können wir jeden Impuls wahrnehmen, ohne dass wir ihm automatisch folgen müssen.

Es lohnt sich, dieses Innehalten und Merken im Alltag zu stärken: Halten Sie einen Moment inne, und nehmen Sie die Situation als Ganzes wahr: Wo stehen oder sitzen Sie gerade? Was sehen Sie, was spüren Sie? Richten Sie Ihre Aufmerksamkeit auf das sinnliche Erleben des Augenblicks. Es kann hilfreich sein, für einen Moment die Alltagshandlung komplett zu unterbrechen und sich für einen Moment zu erlauben, nichts tun oder leisten zu müssen, und nur wahrzunehmen, was gerade läuft. Im Innehalten setzen Sie einen kurzen Stopp, schalten auf Pause. Es öffnet sich ein Raum für bewusstes Wahrnehmen. Sie kommen Sie in der Situation an, in der Sie gerade sind.

Fragen Sie sich, was gerade geschieht. Was benötigt Ihr Augenmerk? Lenken Sie Ihre Aufmerksamkeit auch auf Ihr inneres Erleben. Dann bemerken Sie vielleicht ein Getriebensein oder Sie spüren ein Gefühl der Erschöpfung oder des schlechten Gewissens oder Sie spüren die gewohnten Impulse, zum Handy zu greifen oder etwas zu essen. Begrüßen Sie innerlich alles, was in diesem Moment auftaucht, ohne dem Handlungsimpuls folgen zu müssen. Dieses Erleben ist die Realität des gegenwärtigen Augenblicks.

Üben Sie dieses Innehalten auch im Alltag: Wenn Sie ins Büro kommen, erlauben Sie sich kurz, wirklich anzukommen. Wenn Sie zu Hause ankommen, halten Sie ebenfalls für einen Moment inne. Setzen Sie sich und atmen Sie tief durch. Erlauben Sie sich bewusst, in diesem Moment »zu landen«. Nach diesem Innehalten und Merken, was geschieht, starten Sie ganz bewusst und neu aus der Wachheit und Frische des Augenblicks.

Micro-Habit-Schritt 1 gezielt für Gewohnheiten

Wenn Ihnen das Innehalten und Merken geläufig geworden ist, kann es auf bestimmte Schlüsselsituationen übertragen werden. Mark nutzt es, wenn bei ihm Wut und Ärger auftauchen, die zu häufigen Konflikten in seiner Partnerschaft führen. Zum Innehalten verlässt er inzwischen den Raum, weil er weiß: Wenn er wie gewohnt seine Wut rauslässt, eskalieren die Konflikte nur noch mehr.

Andreas wendet das Innehalten und Merken an, wenn die Grübelschleifen beginnen oder er zu lange im Internet surft: Er hält dann inne und setzt einen Stopp. Meine Kollegin Carla setzt diesen Schritt 1 bewusst ein, bevor sie in den Supermarkt geht. Sie hält noch einmal kurz inne, um sich bewusst zu machen, was sie wirklich braucht, und geht dann erst mit dem Einkaufszettel in den Laden. Schenken auch Sie sich ein kleines Timeout und füllen Sie diese Pause mit Ihrer freundlichen bewussten Wahrnehmung.

Micro-Habit-Schritt 1: Merken – Was geschieht tatsächlich?

Ganz praktisch

Nehmen Sie sich bewusst vor, das Innehalten und Merken mit bestimmten Schlüsselreizen zu verbinden. Dadurch können Sie schädliche Gewohnheiten unterbrechen und wertvolle Gewohnheiten etablieren. Gewohnheiten wiederholen sich, deshalb haben Sie jeden Tag neu die Möglichkeit, das Scheinwerferlicht der bewussten Wahrnehmung einzuschalten.

Wählen Sie eine Situation, in der Sie Micro-Habit-Schritt 1 für Ihre Gewohnheitsveränderung einsetzen wollen: Wenn der innere Stresslevel steigt, wenn Grübeleien einsetzen, das Zocken oder eine andere exzessive Handlung beginnt. Welche Schlüsselsituationen wollen Sie bewusst zum Innehalten nutzen, um hellwach zu sein? Und genau wahrzunehmen und präzise zu erleben, was gerade abläuft?

Wenn es Ihnen hilfreich erscheint, nehmen Sie sich ein Blatt Papier und schreiben Sie in diesen Situationen kurz auf:

- Welche Gedanken tauchen auf?
- Welche Gefühle nehmen Sie wahr?
- Was ist vorher passiert?
- Wie haben Sie sich in der Situation verhalten?

- Was ist nachher passiert?
- Können Sie ein Gewohnheitsmuster erkennen?

Merken und Aufschreiben schaffen Abstand und kühlen die Handlungsimpulse stark ab.

Noch ein Tipp: Es empfiehlt sich, ein Micro-Habit-Tagebuch zu führen, das ganz Ihren Gewohnheiten gilt. Dort können Sie notieren, wann Sie einer bestimmten Gewohnheit folgen, was die Auslöser sind, wie genau Sie handeln und wie Sie sich danach fühlen. Sie können auch Strichlisten führen oder mithilfe eines Schrittzählers Ihre Bewegungsgewohnheiten dokumentieren. Auf meiner Website (Adresse im Anhang) finden Sie verschiedene Selbstbeobachtungsprotokolle zum Download.

Micro-Habit-Schritt 2: Intention finden – Was ist mir wirklich wichtig?

Der Ringer Frank Stäbler erzählt, dass er vor einigen Jahren das große Ziel hatte, Deutscher Meister zu werden.[7] Auch nachdem er bei vier Deutschen Meisterschaften nur Vierter wurde, gab er den Traum nicht auf. Er schrieb sich sein Ziel auf einen Zettel und legte ihn gut sichtbar auf seinen Schreibtisch. Jeden Tag bis zur nächsten Deutschen Meisterschaft hatte er sein Ziel vor Augen. Sein Alltag und die zehn Trainingseinheiten pro Woche waren geprägt von dieser Vision, bis ins Kleinste: Wann er aufsteht, was er zum Frühstück isst, wie er die erste morgendliche Trainingseinheit beginnt, alles orientierte sich an dieser Vision. Und er wurde Deutscher Meister. Frank Stäbler betont: »Lasst euch eure Träume und Visionen nicht ausreden.« Er ist seiner Vision treu geblieben, inzwischen ist er dreifacher Weltmeister, und während ich dieses Buch schreibe, bereitet er sich auf die Olympischen Spiele 2020 vor. Die Treue zu sich selbst und seinen Zielen ist ein wichtiger Teil seines Erfolges.

Was der Weltklassesportler Frank Stäbler macht, wenn er seine Werte, Ziele und Visionen verfolgt, entspricht Schritt 2 unserer Micro-Habits-Veränderungen. Werte und Ziele geben uns Orientierung, sie sind wie Leuchttürme. Sie geben die Richtung an, in die sich unser Leben bewegen soll. Wenn wir Tätigkeiten verrichten, die etwas mit unseren Zielen zu tun haben, dann entsteht ein stimmiges Gefühl der Befriedigung. Vor allem die Werte und Ziele, die aus uns selbst kommen, geben uns die Lebensenergie und die Kraft zum Handeln. Aus dieser inneren Kraftquelle lassen sich neue Gewohnheiten etablieren.

Ich erlebte das zum Beispiel mit Veit, der kürzlich sein Studium begonnen hatte. Statt zu lernen genoss er die neue Freiheit. Er schlief lange und driftete ohne jegliche Struktur durch seinen Tag. Stundenlang saß er vor dem Computer, in Internetspiele vertieft oder klickte sich von Video zu Video. Er begann, Klausuren zu verschieben, weil er sich nicht vorbereitet fühlte. Doch nach einigen Monaten merkte er selbst, dass ihn diese Art zu leben überhaupt nicht befriedigte. Ich fragte ihn: »Was ist dein Ziel? Was ist dir in deinem Leben und speziell in dieser Phase des Studiums wichtig? Wie siehst du dich in einem Jahr, wie willst du da leben?« Veit überlegte: »Mir ist wichtig, dass ich mich mit den Themen im Studium auseinandersetze. Ich möchte etwas lernen, das für mich später sinnvoll ist. Und ich möchte das Studium schaffen und danach einen guten Job finden. Jetzt, wo ich das so sage, fällt mir natürlich schon auf, dass ich dieses Ziel gerade überhaupt nicht verfolge. Aber ich spüre es wirklich stark.« Für ihn war diese Erkenntnis der Anfang der Veränderung – und Veit wird uns in Schritt 3 und 4 wiederbegegnen.

Um Gewohnheiten zu etablieren oder zu ändern, müssen wir wissen, in welche Richtung unser Leben gehen soll. Werte, Ziele und das, was uns wichtig im Leben ist, wirken wie ein Magnet auf unsere Verhaltensweisen, und wir richten unsere Gewohnheiten wie von selbst daran aus. Und natürlich merken wir auch sehr schnell, welche Gewohnheiten uns von unseren Werten und Zielen wegführen. So wie Andreas, der schmerzhaft darunter litt, dass er durch seinen Rückzug und die Vermeidung von allem Möglichen das Gegenteil von dem lebte, was er eigentlich wollte, nämlich für seine Familie da zu sein. Und Veit war unzufrieden bei seinen PC-Spielen, er wusste und spürte seit dem beratenden Gespräch mit mir: »Eigentlich ist mir etwas ganz anderes wichtig.«

Micro-Habit-Schritt 1: **M**erken

Micro-Habit-Schritt 2: Intention finden

Micro-Habit-Schritt 3: **C**omplicationen managen

Micro-Habit-Schritt 4: **R**outine aufbauen

Micro-Habit-Schritt 5: **O**hne Vorwurf

Das Geheimnis von Erfolg und Zufriedenheit

Dieses Geheimnis ist schnell gelüftet: Wir sind dann erfolgreich und zufrieden im Leben, wenn wir uns in unserem Verhalten und in unseren Gewohnheiten an dem orientieren, was uns wirklich wichtig ist. Folgen wir unseren Werten, Zielen, unserer Vision vom Leben, dann kann es gelingen, und wir fühlen uns wohl und auf dem richtigen Weg.

Es gibt zwei Gewohnheitsmuster, die uns vom Weg abbringen. Zum einen sind das Gewohnheiten, die sich nur an kurzfristigen Belohnungen und Genüssen orientieren und schnell in Süchten enden. Wie im ersten Kapitel dargestellt, sind wir sehr anfällig dafür, und oft haben wir in der Kindheit und Jugend Habits erworben, die uns heute schaden und völlig unseren jetzigen Werten und Zielen widersprechen. So mancher Erwachsene hat als Jugendlicher angefangen zu rauchen, einfach weil alle Kumpels auch geraucht haben. Heute hassen sich viele für diese Sucht. Oder sie hängen wie Veit stundenlang vor dem Computer und spielen, einfach, weil das deutlich leichter ist, als das Studium voranzubringen, sich zu bewerben oder andere Aufgaben anzupacken. Auch viele Ernährungs- und Bewegungsgewohnheiten sind an der unmittelbaren Belohnung und Bequemlichkeit orientiert. Dann »gönnt« man sich die Tafel Schokolade oder die Tüte Chips, statt sich etwas zu kochen oder draußen eine Runde laufen zu gehen.

Die große Gefahr bei Suchtverhalten ist die Habituation: Es findet eine Gewöhnung an das jeweils aktuelle Maß der »Droge« statt, sodass immer mehr und mehr davon gebraucht wird, ansonsten verliert das Verhalten seine belohnende Wirkung. Die Pornosüchtigen schauen mit der Zeit immer mehr und immer härtere Pornovideos. Die Spielsüchtigen verbringen mehr und mehr Zeit mit ihren Spielen. Das Level muss steigen, ansonsten wird es langweilig und eine unangenehme Leere stellt sich ein. Wenn ich solche Menschen frage »Ist es das, was du willst im Leben? Entspricht das deinen wirklichen Zielen, deine Freizeit mit Spielen oder Videos zu verbringen?«, kommt die Antwort meistens sehr spontan: »Nein, das will ich nicht.«

Alle Arten von Sucht sind aus Gewohnheiten entstanden. Bei substanzgebundenen Süchten nach Dingen wie Alkohol, Tabak oder Kokain ist die Belohnung sofort zu spüren. Bei Verhaltenssüchten wie Spielsucht, Internetsucht oder der Neigung zu Essattacken winkt ebenfalls häufig eine sehr rasche Belohnung. Für die Süchtigen spielen die langfristigen Konsequenzen in dem Moment meist keine Rolle. Sie geben sich den schnellen Kick.

Die zweite Gewohnheitsfalle ist die Vermeidungsfalle: Wir geben unseren Sorgen, Missempfindungen und Ängsten so viel Raum, dass wir die unterschiedlichsten Verhaltensweisen meiden, die uns eigentlich guttun würden. Es ist natürlich sinnvoll, echte Gefahren wie Gewalt oder Angriffe durch wilde Tiere zu meiden. Doch mal ganz ehrlich, wie viele solcher Gefahren erleben wir heute tatsächlich? Unsere Vermeidungsgewohnheiten dienen eher dazu, dass wir unangenehmen Gefühlen oder einfach auch Anstrengung aus dem Weg gehen. Es ist anstrengender, Vokabeln zu lernen, als Handyspiele zu machen. Es ist anstrengender, Verkaufsgespräche zu führen, als Papiere zu sortieren. Es ist anstrengender, in der Teambesprechung etwas zu sagen, als einfach den Mund zu halten (oder umgekehrt). Es ist anstrengender, sich etwas zu kochen, als einfach ein Fertiggericht aufzuwärmen. Es ist auch anstrengender, zum Zumbakurs zu gehen, als mit ein paar Knabbereien vorm Fernseher zu sitzen. Ebenso ist es oft leichter, einfach so weiterzumachen wie bisher, als sich all den unangenehmen Gefühlen der Unzufriedenheit und des Ärgers zu stellen und etwas im Leben zu ändern. Lassen wir immer mehr Vermeidungsgewohnheiten unser Leben bestimmen, kann es passieren, dass wir unsere Komfortzone irgendwann gar nicht mehr verlassen. Das Leben wird zunehmend langweiliger, und es besteht die Gefahr, dass es in Ritualen erstarrt. Angst und Unsicherheit breiten sich noch weiter aus und bestimmen über uns. Hier liegt nicht zuletzt auch der Anfang vieler psychischer Störungen; Angststörungen und Depression beispielsweise werden durch Vermeidungsverhaltensweisen verstärkt und aufrechterhalten.

In zwei Fallen können wir tappen: Sind wir auf kurzfristige Belohnungen aus, landen wir leicht in exzessiven Gewohnheiten. Scheuen wir uns allzu sehr vor Schwierigkeiten und unangenehmen Empfindungen, landen wir rasch in Vermeidungsgewohnheiten. Die goldene Mitte heißt: Wir folgen unseren Werten und Zielen, dabei entwickeln wir wertgeschätzte Gewohnheiten.

Micro-Habit-Schritt 2: Intention finden – Was ist mir wirklich wichtig?

Darum geht's:

Micro-Habit-Schritt 1 hat Ihnen eine Gewohnheit ganz klar vor Augen geführt. In Schritt 2 fragen Sie sich: »Ist es das, was ich tatsächlich will? Will ich so meine Zeit und Lebensenergie einbringen?«

Und dann kommt die entscheidende Frage: »Was will ich wirklich im Leben? Was ist mir wichtig?«

Wie finden wir den inneren Kompass?

Ich habe es oft erlebt: Wenn Menschen wieder Zugang zum innerlich gefühlten und erlebten Zweck ihres Lebens gefunden haben, dann war es ihnen möglich, die Kraft aufzubringen, destruktive Gewohnheiten zu brechen und ihr Verhalten in die gewünschte Richtung zu lenken. So wie Andreas, dem es nach langjähriger Depression und einem Herzen voller Ängste gelang, seine verletzte Frau zu pflegen, den Haushalt zu führen und sich um die Kinder zu kümmern. Er hatte wiedergefunden, was er über Jahrzehnte verloren glaubte.

Er hat zurückgefunden zu dem, was ihm wichtig ist, zu dieser tiefen inneren Kraft, die in uns allen schlummert. Diese Kraft, dieses Empfinden von Sinn und Ziel im Leben, ist eine der wichtigsten Ressourcen, die wir haben. Sie will auch in Ihnen erweckt werden.

Der Zugang zu dem, was uns wirklich wichtig ist, wofür wir brennen und auch mal Unannehmlichkeiten in Kauf nehmen, kann sehr unterschiedlich sein. Auf den nächsten Seiten stelle ich Ihnen einige Wege vor, wie Sie Ihr Ziel im Leben, Ihre Vision finden können. Diese Übungen werden oft als wachrüttelnd, als befreiend und kraftspendend erlebt. Es ist der zweite Schritt in unserem Modell, Micro Habits zu verändern: Nachdem wir bemerkt haben, wie wir uns verhalten und wie unangenehm oder unsinnig das eigentlich ist, prüfen wir, was wir wirklich wollen. Das wird dann die Basis dafür sein, neue, sinnvollere Gewohnheit zu etablieren.

Ihr achtzigster Geburtstag

Um Ihre Ziele im Leben herauszufinden, können Sie sich vorstellen, dass Sie achtzig Jahre alt sind und auf Ihr Leben zurückblicken.

- Stellen Sie sich zunächst vor, Sie haben diese Gewohnheit, um die es Ihnen gerade geht, bis ins hohe Alter weitergelebt. Sie haben sich jeden Abend stundenlang durch die verschiedenen Fernsehkanäle gezappt. Sie haben in einem Job ausgeharrt, der Sie quälte. Sie haben Ihr Sportprogramm Woche um Woche verschoben – oder was es auch immer für eine Gewohnheit war. Wie geht es Ihnen jetzt mit achtzig Jahren, wenn Sie so gelebt haben? Lassen Sie sich ein wenig Zeit, all das auf sich wirken zu lassen.

- Als Nächstes fragen Sie sich: Wie möchten Sie gelebt haben, wenn Sie als achtzigjähriger Mensch auf Ihr Leben zurückblicken. Worauf möchten Sie stolz sein, es getan zu haben? Was würde Sie im Rückblick erfreuen? Stellen Sie sich vor, Ihre engsten Freunde oder Familienangehörigen sind bei Ihnen: Wovon würden Sie ihnen freudig erzählen? Und welche Geschichten würden Sie gern über sich hören? Lassen Sie sich Zeit, die Bilder und Gedanken vor Ihrem inneren Auge vorbeiziehen zu lassen.
- Was kristallisiert sich heraus? Was ist Ihnen wichtig im Leben? Notieren Sie es sich und setzen Sie es in Verbindung zu Ihrer bisherigen Gewohnheit. Passt es zusammen?

Die kleinen und großen Momente voller Schönheit

Ein anderer Zugang zu dem, was Ihnen wichtig ist, sind die schönen Momente in Ihrem Leben. Auch wenn der Alltag für Sie gerade belastend und schwierig sein sollte, gibt es diese kleinen Momente der Freude oder Liebe, des Genusses oder der Dankbarkeit. Sie können sich auch gern an solche Momente in der Vergangenheit erinnern und die schönen Gefühle daraus wieder aktivieren. Waren es stille Momente in der Natur? Oder vielleicht ein Fest, bei dem Sie sich tief verbunden mit anderen Menschen fühlten? Sind Sie Ihrem Hobby nachgegangen und haben Ihre Kraft und Ihre Fähigkeiten erlebt beim Skaten, Mountainbiken oder Schwimmen? Oder haben Sie tief erfüllende Momente bei Ihrer Arbeit erlebt, ein wichtiges Projekt abgeschlossen, einem Menschen geholfen, ein berührendes Konzert gegeben? Oder Sie haben schöne Orte voller Erinnerungen neu besucht oder auch ein Café, in dem Sie gern lesen, oder eine Parkbank, von der aus Sie den Enten zusehen, einen Urlaubsort, an dem Sie sich auf den Spaziergang am Strand freuen. Lassen Sie innere Bilder auftauchen. Blättern Sie in Ihrem inneren Fotoalbum. Was sehen Sie, was taucht vor Ihrem inneren Auge auf?

Lassen Sie sich von dem berühren, was für Sie wichtig ist. Vielleicht taucht eine alte Sehnsucht auf, oder Sie werden auch an etwas erinnert, das es nicht mehr gibt, einen Menschen oder einen Ort. Auch das ist in Ordnung. Wenn uns etwas wichtig ist, macht es uns traurig, wenn es nicht mehr da ist. Diese innere Offenheit und Berührbarkeit macht uns auch offen für unsere Herzensthemen. Sie spüren in einer Traurigkeit, was Ihnen im Leben wirklich etwas bedeutet.

Es müssen keine spektakulären Momente sein, es geht darum, dass Sie in diesen Momenten etwas erleben, das Ihnen wichtig ist, das Sie wertschätzen, oder etwas, das sie erfüllt. In diesen Momenten erleben Sie vielleicht eine Verbundenheit, Ihre Kompetenz oder den Flow im Tun.

Aus dem Schönen die Ziele herausfiltern

Nehmen Sie sich etwas Zeit und lassen Sie die unterschiedlichsten Erinnerungen an etwas Schönes auftauchen. Oder stellen Sie sich vor, was Sie glücklich machen würde. Schreiben Sie auf, was auch immer Ihnen dazu einfällt. Es können die alltäglichen Momente mit Ihrem Kind auf dem Schoß sein oder die Überquerung der Alpen mit dem Mountainbike. Alle diese Erinnerungen können Sie nutzen, um einen Zugang zu dem zu finden, wofür Ihr Herz schlägt. Beantworten Sie dafür folgende Fragen:

- Was tun Sie in diesen Momenten der Freude und der Schönheit?
- Wie fühlen Sie sich verbunden mit anderen Menschen, der Natur oder Ihrem Tun?

- Wie erleben Sie sich selbst, welche Eigenschaften oder Qualitäten von sich erleben Sie in dieser Erinnerung? Was ist Ihnen daran wichtig?
- Was sagen diese Erinnerungen darüber aus, welche Verhaltensweisen und Gewohnheiten in Ihrem Leben Ihnen Erfüllung bringen?
- Gibt es Handlungen und Gewohnheiten, die Ihnen vor dem Hintergrund dieser schönen Erfahrungen wichtig sind? Das können sehr einfache Dinge sein, zum Beispiel mit dem Hund in der Natur sein, kochen oder zwischendurch einfach ein paar Minuten still dasitzen.
- Fallen Ihnen jetzt Handlungen oder Gewohnheiten auf, die Sie stoppen oder loswerden wollen? Schreiben Sie auch die am besten gleich auf.

Die Botschaft des zufriedenen Lächelns

Wenn wir uns das bewusst machen, was uns wertvoll und wichtig ist, dann spüren wir eine innere Stimmigkeit. Irgendwie fühlt es sich gut an, wie wenn der Körper sagt: »Ja, das passt.« Vielleicht zeichnet sich ein leichtes Lächeln ab und die Mundwinkel wandern nach oben. Unsere Körperempfindungen geben uns die richtigen Signale. Wie sonst sollten wir uns in der Vielfalt und Komplexität des Lebens orientieren können? Mit Zielen, die uns am Herzen liegen, spüren wir eine innere Verbundenheit und eine große Lebendigkeit. Wir gehen lächelnd durchs Leben.

Wenn das zunächst fremd für Sie ist, lassen Sie sich Zeit. Wir werden im weiteren Verlauf des Buches auf unterschiedliche Weise darauf zu sprechen kommen. Und vor allem mit den kleinen Übungen hier in diesem Kapitel werden Sie nach und nach herausfinden, was Ihnen dieses Lächeln hervorlockt. Für das, was Ihnen wichtig ist, sind Sie von innen her motiviert. Deswegen versetzt es sie in die Lage, mit viel

Energie Erfolg und Zufriedenheit zu erreichen. Für das, was uns wichtig ist, haben wir eine hohe intrinsische Motivation, und wir erleben es als sehr lohnend, wenn wir uns mit unseren Herzensangelegenheiten beschäftigen. Gewohnheiten zu verändern wird dann ziemlich leicht. Vielleicht gefällt Ihnen auch die folgende kleine Imagination.

Auf dem Berg

Stellen Sie sich vor, Sie wandern auf einen Berg hinauf und lassen dabei den Alltag und all seine Einschränkungen und Belastungen hinter sich. Je höher Sie gelangen, desto freier fühlen Sie sich. Sie haben einen weiten Blick über Hügel und Täler. Oben angekommen, suchen Sie sich einen schönen Rastplatz und haben nun Zeit und Raum, über Ihr Leben nachzudenken, über das, was Ihnen wirklich wichtig ist.

Schreiben Sie Ihre Assoziationen auf, möglichst ohne sie zu bewerten. Was liegt Ihnen am Herzen und macht Ihr Leben lebenswert?

Sie können mit einem Lebensbereich beginnen, der Ihnen gerade am wichtigsten erscheint, vielleicht ist es Ihre Arbeit, Ihre Beziehung oder Ihr Körpergefühl. Achten Sie auf alle Ideen, Werte und Ziele, die Ihnen hierzu in den Sinn kommen. Was fühlt sich für Sie so richtig stimmig an?

Lassen Sie Gedanken, innere Bilder und Vorstellungen auftauchen und baden Sie regelrecht in den positiven Gefühlen, die sie möglicherweise auslösen. Machen Sie sich Notizen, ganz allgemein zu dem, was Sie möchten, oder auch schon sehr konkret in der Hinsicht darauf, was Sie verändern wollen. Steigen Sie dann in Ihrer Vorstellung freudig wieder vom Berg hinab in Ihren Alltag.

Werte und Ziele können Sie ganz unterschiedlich für sich klären. Ein befreundeter Kollege hat es sich beispielsweise zur Gewohnheit gemacht, sich einmal im Jahr Zeit dafür zu nehmen, tatsächlich auf einen Berg zu steigen und sich dort in Ruhe bewusst zu machen, was er wirklich will. Er überprüft für sich, ob er noch auf dem richtigen Kurs ist, ob es an der Zeit ist, beruflich oder privat etwas zu verändern, ob sich Gewohnheiten eingeschlichen haben, die ihn von seinen Lebenszielen entfernen, oder ob es Zeit ist, eine Gewohnheit zu vertiefen. Eine solche innere Reise (vielleicht tatsächlich verbunden mit einer äußeren Reise) kann zu einer jährlichen Gewohnheit werden, die das ganze Leben positiv beeinflusst.

Von Russ Harris gibt es das Buch: *Wer dem Glück hinterherrennt, läuft daran vorbei*. Daraus stammt (etwas abgewandelt) die folgende Anregung, die sich sehr gut eignet, wenn Sie herausfinden möchten, inwieweit Sie in den einzelnen Lebensbereichen so leben, wie es Ihnen tatsächlich wertvoll und wichtig ist.

Die Lebenszielscheibe

Nehmen Sie sich ein Blatt Papier und zeichnen Sie einen Kreis darauf – das ist Ihr Leben. Tragen Sie nun in diese Lebenszielscheibe ein, wie nahe Sie daran sind, Ihre Werte und Ziele zu leben. Im Zentrum der Zielscheibe liegt der Bereich, in dem Sie Ihre Werte und Ziele voll und ganz leben. Je weiter Sie vom Zentrum wegkommen, desto weniger leben Sie derzeit Ihre Werte und Ziele. Im äußersten Kreis haben Sie den Kontakt zu dem verloren, was Ihnen wichtig ist. Sie können die Lebenszielscheibe auf ganz unterschiedliche Lebensbereiche anwenden. Beginnen Sie zunächst mit einem Lebensbereich, dann können Sie das Vorgehen auf andere Bereiche ausweiten.

Die Lebensbereiche sind:

- Gesundheit und Wohlbefinden
- Beziehungen, Freundschaften, Liebe
- Arbeit, politische, ethische und ökologische Werte
- Freizeit, Spiritualität, Sinnhaftigkeit

Was Sie beeinflussen können und was nicht

Vielleicht ist Ihr Ziel, ein großer Fußballstar zu werden oder ein erfolgreiches Start-up zu gründen oder viel Geld zu verdienen. Mit den Micro-Habits-Schritten will ich Ihnen nicht vermitteln, dass alle gewünschten Ziele erreichbar sind, wenn Sie sich nur genügend anstrengen und selbst optimieren. Denn das würde nicht stimmen, aus einem ganz einfachen Grund: Es gibt Bereiche im Leben, über die wir Kontrolle und in denen wir Einfluss haben, und es gibt Bereiche, die wir nicht beeinflussen können. Viele wünschen sich, dass ihr Chef freundlicher und wertschätzend zu ihnen ist oder dass der Partner mit dem Trinken aufhören solle. Doch diese Wünsche beziehen sich auf das Verhalten anderer Menschen – und darauf haben wir keinen direkten Einfluss. Ich wünsche mir, dass ich in Stuttgart nicht so oft im Stau stehe. Auch darauf habe ich nur insofern Einfluss, welches Verkehrsmittel ich wähle oder welche Route ich fahre. Auf den Verkehr in der Stadt habe ich ansonsten keinen direkten Einfluss.

Wenn wir in unserem Schritt 2 der Micro-Habits-Veränderungen also unsere Ziele festlegen, sollten wir zwei Quadranten unterscheiden: den einen, der unter unserer Kontrolle steht – das könnte ein kleines Quadrat in der Mitte eines Blattes sein. Außen herum zieht sich ein deutlich größeres Quadrat – und das ist der Bereich, den wir nicht kontrollieren können. Wir haben vielleicht in diesem Bereich Wünsche – ich wünsche mir gerade, dass das Wetter heute schön wird. Doch ob sie sich erfüllen, das können wir nicht beeinflussen.

Ich beispielsweise kam vor einigen Jahren aus Chicago zurück und wollte Jazzpianist werden. Ich nahm Unterricht und übte auch täglich. Mir wurde trotzdem sehr bald klar: Es reicht nicht für mein Ziel, in einer Jazzband zu spielen. Ich konnte meine Fähigkeit in diesem Bereich zwar etwas verbessern, aber eben nicht auf das Niveau bringen, das ich mir vorgenommen hatte. Ich gab dieses Ziel also auf. Aber ich habe heute noch Spaß daran, auf dem Klavier zu spielen. Und genau darum geht es: so flexibel mit den eigenen Zielen zu sein, dass wir erfüllt leben können, statt starr an irgendeiner Idee festzuhalten, die sich nicht realisieren lässt.

Wir sollten unsere Energie vor allem auf das konzentrieren, worauf wir Einfluss haben, also auf den inneren Quadranten. Dann erleben wir Kontrolle und haben das Gefühl, etwas bewirken zu können. Das ist der Bereich, in dem wir unsere Gewohnheiten prägen und verändern können. Der Fokus auf den äußeren Quadranten führt eher dazu, dass wir uns hilflos fühlen, dass wir uns über die Umstände und das beklagen, was wir nicht beeinflussen können. Das Gelassenheitsgebet von Reinhold Niebuhr bringt es auf den Punkt: »Gott, gib mir die Gelassenheit, Dinge hinzunehmen, die ich nicht ändern kann, den Mut, Dinge zu ändern, die ich ändern kann, und die Weisheit, das eine vom andern zu unterscheiden.«

Micro-Habit-Schritt 2: Intention finden – Was ist mir wirklich wichtig?

Ganz praktisch

Halten Sie einen Moment inne, kommen Sie in Kontakt mit diesem Moment und fragen Sie sich: Ist mir das, was ich gerade tue, wertvoll und wichtig? Entspricht es meinen Herzensangelegenheiten? Denken Sie daran, die Ausrichtung für Ihre Lebensgewohnheiten, das sind Ihre Werte und Ziele.

Bei exzessiven oder Vermeidungsgewohnheiten verbinden Sie die Micro-Habit-Schritte 1 und 2: Halten Sie inne, merken Sie, was gerade läuft, und fragen Siesich: Ist es das, was ich will? Das, was ich gerade tue, liegt es mir wirklich am Herzen?

Erinnern Sie sich immer wieder daran, was Ihnen in dieser Lebensphase wichtig ist. Notieren Sie am besten in einem ruhigen Moment einmal Ihre Werte:

- Was ist Ihnen wichtig im Bereich Arbeit?
- Was ist Ihnen wichtig im Bereich Ihrer sozialen Beziehungen?
- Was ist Ihnen wichtig in Bezug auf Körper und Gesundheit?

Schreiben Sie diese Werte und Ziele auf ein Blatt und halten Sie innerlich Verbindung dazu. Schauen Sie immer wieder darauf, legen Sie es auf Ihren Nachttisch oder obenauf in die Schreibtischschublade.

Ich hoffe, Sie konnten mithilfe all dieser Anregungen Ihren eigentlichen Zielen und Herzenswünschen im Leben schon etwas näherkommen. Micro-Habit-Schritt 2 ist sehr wichtig und wird im Leben immer wieder neu vollzogen. In Schritt 4 werden wir erneut auf unsere Ziele zurückkommen und ganz praktisch damit arbeiten. Jetzt aber geht es in Schritt 3 erst einmal um mögliche Schwierigkeiten.

Micro-Habit-Schritt 3 – Complicationen managen – Schwierigkeiten auf dem Weg überwinden

Veit, der Student, der in Schritt 2 feststellen konnte, dass er ein gutes Studium absolvieren möchte, fragte sich im nächsten Schritt, warum er bisher völlig anders gelebt hatte: ohne Struktur, stundenlang im Internet surfend, einfach so durch den Tag driftend. Dabei stieß er auf einige Schwierigkeiten, die ihm logischerweise auch dann in die Quere kommen dürften, wenn er fortan neue, gute Gewohnheiten umsetzen möchte. Genau darum soll es hier gehen.

Micro-Habit-Schritt 1: **M**erken
Micro-Habit-Schritt 2: **I**ntention finden
Micro-Habit-Schritt 3: Complicationen managen
Micro-Habit-Schritt 4: **R**outine aufbauen
Micro-Habit-Schritt 5: **O**hne Vorwurf

Schwierigkeiten einrechnen

Der Meeresbiologe Jacques Cousteau hatte eine große Liebe zum Meer. Er erfand das Tauchen mit Sauerstoffflaschen, baute selbst kleine U-Boote und Unterwasserstationen, um das Meer zu erkunden. Die Tiefsee erkunden kann lebensgefährlich sein, und Cousteau hatte deshalb bei jeder neuen Erkundung, bei jeder neuen Erfindung ein Prinzip: Er überlegte mit seinen Mitarbeitern gemeinsam, welche Schwierigkeiten entstehen könnten. Und im Voraus überlegten sie gemeinsam Wege, wie sie mit diesen Schwierigkeiten würden umgehen können. Beispielsweise war es damals schwierig, das Sauerstoffniveau in den Unterwasserstationen konstant zu halten, dies konnte aber für die Mitarbeiter dort lebensgefährlich sein. Zu diesem Zweck kamen sie darauf, Papageien auf die Unterwasserstationen mitzunehmen, da diese viel früher auf Veränderungen der Luft reagierten.

Jacques Cousteau praktizierte etwas, das die Verhaltenspsychologin Gabriele Oettingen »Mentales Kontrastieren« nennt.[8] Im Kern

MiCro-Habit-Schritt 3: Complicationen managen – Schwierigkeiten auf dem Weg überwinden

Darum geht's:

Wenn wir etwas verändern, werden Schwierigkeiten auftauchen. Diese vorher zu durchdenken und Lösungswege vorzubereiten, hilft uns, auf dem gewünschten Weg zu bleiben.

besteht die Methode darin, die gesetzten Werte, Ziele und Wünsche in Verbindung mit der Realität zu bringen. Dadurch werden Träume zu einem motivierenden Werkzeug, das zielgerichtetes Handeln fördert. Cousteau hatte Visionen und Ideen für waghalsige Tauchgänge und gleichzeitig hatte er die Risiken und Schwierigkeiten der Realität im Blick.

Auf ähnliche Weise sollten wir unsere Werte und Ziele immer wieder mit der Realität verknüpfen. Wir sind dabei, neue Gewohnheiten zu etablieren, die uns zu unseren Zielen führen sollen. Die Frage nach den Schwierigkeiten und Hindernissen auf diesem Weg bringt uns mitten hinein in die Themen, die es uns schwermachen, von schlechten Gewohnheiten zu lassen.

Als ich Veit die Frage stellte, was es ihm so schwermache, sich intensiver seinem Studium zu widmen, antwortete er spontan: »Es gibt Tage, da komme ich morgens einfach nicht in die Gänge, da kommt mir das Studieren so lästig und sinnlos vor, da mache ich den Wecker aus und schlafe einfach weiter. An diesen Tagen kann es sein, dass ich gar nicht mehr die Kurve bekomme, dann hänge ich nur noch ab, zocke und ziehe mir ein YouTube-Video nach dem anderen rein. Und wenn dann mal der Schlendrian begonnen hat, können das auch mehrere Tage werden. Das ist dann sehr unbefriedigend, aber ich komme aus der Schleife nicht raus.« Wenn Veit ernsthaft seinen Abschluss und seine berufliche Laufbahn verfolgen möchte, muss er einen anderen Umgang mit den »Durchhängetagen« finden. Allein der Wunsch genügt nicht.

Es ist im Zusammenhang mit den Micro Habits sehr wichtig, den inneren Barrieren auf die Schliche zu kommen. Häufig sind hier Gefühle von Unsicherheit im Spiel oder Missempfindungen, die wir schwer aushalten können. Für Martina sind es Einsamkeitsgefühle, die dazu führen, dass sie nach der Arbeit nach Hause geht und sich mit zu viel Essen, zu vielen Filmen und öfter auch mit Cannabis zudröhnt, um ihre Einsamkeit nicht spüren zu müssen. Oft führt dies alles aber natürlich dazu, dass es ihr am nächsten Tag noch schlechter geht. Wenn sie ihre Gewohnheiten verändern möchte, muss sie genau diese Falle, vor den unangenehmen Gefühlen wegzulaufen, erkennen und künftig umgehen.

Mentales Kontrastieren

Der ehrliche Blick auf das, was uns daran hindert, den Weg zu gehen, der für uns wichtig ist, lohnt sich. Seien Sie bei diesem Schritt besonders freundlich und wohlwollend mit sich selbst. Es gibt keinen Menschen, der andauernd in Übereinstimmung mit sich selbst und seinen Herzenswünschen lebt. Wir alle haben unsere Schwächen und unsere schlechten Tage. Wir alle lassen uns immer wieder von unserem inneren Schweinehund über den Tisch ziehen, essen mehr, als wir essen wollen, arbeiten zu viel oder fühlen uns zu träge für Sport oder Ausflüge in die Natur. Das ist einfach menschlich, seien Sie also nicht hart zu sich selbst. Selbstkritik ist oft ein weiteres Hindernis auf dem Weg. Deshalb ist es wichtig, sich immer wieder neu an die eigenen Werte und Ziele zu erinnern und zu überlegen, wie sich Barrieren überwinden lassen.

Vermutlich haben Sie sich auch schon mal mit dem Auto verfahren. Was machen Sie, wenn das passiert? Fahren Sie dann einfach in die falsche Richtung weiter, so nach dem Motto: Wenn ich schon mal falsch unterwegs bin, dann ist so oder so alles egal? Ich vermute nicht, Sie werden vielmehr Ihr Handy oder Ihr Navi befragen oder Passanten nach dem richten Weg fragen. Sie werden alles versuchen, um wieder auf die richtige Straße zu finden. Auch das ist mentales Kontrastieren: sich kreativ und lösungsorientiert mit den Zielen und Schwierigkeiten beschäftigen.

Es ist wirkungsvoll, dies genauso bei den Micro Habits zu machen. Dieser dritte Schritt besagt einfach nur:

- Sie behalten im Auge, dass es Schwierigkeiten geben könnte, wenn Sie alte Pfade verlassen und neue Gewohnheiten etablieren wollen. Sie wissen, dass solche Schwierigkeiten zum Leben dazugehören, und verurteilen sich deshalb nicht dafür.

- Sie überlegen im Vorfeld, welche Schwierigkeiten das jeweils sein könnten.
- Sie überlegen sich Möglichkeiten, die Hindernisse zu umgehen oder aus dem Weg zu räumen. Stetig, geduldig, gelassen.

Sie werden mit der Zeit Wege finden, wie Sie trotz aller Schwierigkeiten und Hindernisse Ihre Ziele ansteuern können. Das alleinige Träumen und Schwelgen in der idealen Zukunft hat sich als wenig produktiv erwiesen. Es hat sicherlich oft eine entspannende Wirkung, wenn wir uns vorstellen, wir hätten schon alles erreicht. Doch ein solches positives Denken kann uns auch einlullen und unsere Motivation abschwächen. Viel wirkungsvoller ist das kreative Hin- und Hergehen in der Vorstellung, aber auch im realen Leben zwischen unseren Werten und Zielen und den Hindernissen auf dem Weg. Spielen Sie mit diesen beiden Ebenen. Träumen Sie sich in das Leben hinein, in dem Ihre Ziele bereits erfüllt sind – und konfrontieren Sie sich zugleich auch immer wieder mit möglichen Schwierigkeiten. So kommen Sie Ihren Zielen tatsächlich näher, wie ein Auto, das im Schnee stecken geblieben ist und durch behutsames Vor- und Zurückschaukeln wieder in Schwung gebracht wird.

MiCro-Habit-Schritt 3: Complicationen managen – Schwierigkeiten auf dem Weg überwinden

Fragen Sie sich:

- Wenn Sie sich vorstellen, auf dem neuen Weg hin zu Ihren Zielen zu sein: Was könnte ein ernsthaftes Hindernis sein? Was könnte Sie abhalten? Was könnte schiefgehen? Was könnte Sie innerlich bremsen? Was könnte sich Ihnen von außen in den Weg stellen?

- Gibt es etwas, das Sie vorbeugend tun können?
- Was tun Sie, wenn die Schwierigkeit auftritt? Wie können Sie sich innerlich oder äußerlich darauf vorbereiten?
- Welche Möglichkeiten haben Sie, das Hindernis zu überwinden? Versuchen Sie, einige Wenn-dann-Pläne zu entwickeln (mehr dazu in Micro-Habit-Schritt 4).

Auch wenn Sie Ihre neue Gewohnheit eines Tages sehr gut etabliert haben, kann es mal zu Abweichungen im Umfeld kommen, die Ihnen Ihre Routine dann erschweren. Jetzt ist es wichtig, auch an den besten Gewohnheiten nicht starr festzuhalten. Das betont auch der Trainer Andreas Stäbler. Sein Sportler »Frank hat beispielsweise die Gewohnheit, nach dem Wiegen eine warme Suppe zu sich zu nehmen. Es kann bei einem Turnier aber vorkommen, dass kein warmes Wasser aufzutreiben ist. Dann ist es wichtig, nicht dünnhäutig zu werden, weil geliebte Rituale nicht klappen. Kein Wettkampf läuft wie der andere. Es kann auch mal passieren, dass ein Kampf vorgezogen wird, dann sind es statt zwanzig Minuten nur zehn Minuten Regenerationszeit. Der Sportler muss auch dann funktionieren. Eine Linie und eine Routine zu haben, ist ganz wichtig, aber die Welt darf nicht untergehen, wenn Abweichungen auftreten. Es geht immer auch anders. Und dann kehrt man zur Routine zurück.«

Micro-Habit-Schritt 4: Routine aufbauen – Wie etabliere ich neue gute Gewohnheiten?

Stellen Sie sich einmal vor, Ihre Gewohnheiten sind wie kleine Haustiere, die Sie auf Ihrem Weg begleiten. Die Tiere, die Sie gut füttern, die Sie hegen und pflegen, werden immer größer. Wenn Sie die Angst füttern, dann wird sie viel Raum in Ihrem Leben einnehmen. Wenn Sie das Rauchen oder Biertrinken füttern, dann wird dieses Haustier immer größer und hungriger. Jedes Mal, wenn Sie einer Gewohnheit nachgehen, füttern Sie sie – und das Haustier wird größer und hungriger. Die Tierchen können Ihnen irgendwann auf der Nase herumtanzen oder gar Ihr Leben dominieren.

Micro-Habit-Schritt 1: **M**erken

Micro-Habit-Schritt 2: **I**ntention finden

Micro-Habit-Schritt 3: **C**omplicationen managen

Micro-Habit-Schritt 4: **R**outine aufbauen

Micro-Habit-Schritt 5: **O**hne Vorwurf

Also überlegen Sie gut, welchen Gewohnheiten Sie Nahrung geben und welche Sie am besten sein lassen. Nutzen Sie Ihr Futter – Ihre Aufmerksamkeit und Ihre Energie – für das, was Ihnen wirklich am Herzen liegt. In Micro-Habit-Schritt 4, dem Aufbauen von Routine in den guten Gewohnheiten, geht es um dieses Füttern der richtigen Haustiere.

Micro-Habit-Schritt 4: Routine aufbauen – Wie etabliere ich neue gute Gewohnheiten?

Darum geht's:

Das Ziel ist bestimmt, die Schwierigkeiten sind bewusst geworden und klar beschrieben. Jetzt geht es darum, die gewünschten Gewohnheiten genauer zu definieren und dann zu pflegen. Das kann auf unterschiedliche Weisen unterstützt werden.

Ein genauerer Blick auf Werte und Ziele

In Micro-Habit-Schritt 2 haben Sie Ihre Werte und Ziele herausgefunden. Daraus werden wir nun das Nötige ableiten, um wirkliche Veränderungen einzuläuten. Dafür möchte ich vier Ebenen von Zielen und Werten unterscheiden (in Anlehnung an die Akzeptanz- und Commitmenttherapie ACT).

1. Die Ebene der **Herzensangelegenheiten und Werte**: Hierzu gehört all das, was uns wirklich wichtig ist und für uns zählt. Auf dieser Ebene kann eher allgemein formuliert werden: »Mir ist die Liebe zu meinen Kindern wichtig.« Sie ist verbunden mit einer tiefen inneren Stimmigkeit. Diese Dinge geben Orientierung im Leben, können aber nie abgehakt und vollends erreicht werden.
2. Die Ebene der **konkreten Ziele**, die mit den Werten und Wichtigkeiten der ersten Ebene verbunden sind. Dazu gehört vielleicht das Abschließen einer Ausbildung oder das Ziel, eine berufliche Position zu erreichen oder die Garage aufzuräumen.

Ebenso kann es der Wunsch sein, den Kindern jeden Abend eine Gutenachtgeschichte vorzulesen.

3. Die **konkreten Schritte** sind die Handlungen, die in Richtung der Werte und Ziele führen. Das Lernen für die Prüfung, die Bewerbung für die angestrebte Position, das Freiräumen von Zeit für die abendliche Geschichte. Die konkreten Schritte sind Aktivitäten, die in Richtung Ziel führen.
4. Die Ebene der **wertgeschätzten Gewohnheiten**. Die konkreten Schritte können einmalige Aktionen bleiben. Nach den schlechten Noten oder einer missglückten Präsentation vor dem Chef sind wir aufgeschreckt und lernen mehr. Dann aber verläuft es sich wieder im Sande. Auf dieser vierten Ebene aber geht es darum, die anfängliche Energie zu nutzen, um aus einer einmaligen Aktion eine wertgeschätzte Gewohnheit zu etablieren. Dann lernen wir und bilden uns regelmäßig weiter. Oder wir lesen tatsächlich jeden Abend eine Geschichte vor – und das Schöne ist, dass unsere Kinder dies bald auch einfordern werden, sodass es leichter wird, der Gewohnheit treu zu bleiben. (Das Vorlesen abends ist in meiner Familie tatsächlich so eine wertgeschätzte Gewohnheit geworden. Ich habe inzwischen einen großen Ehrgeiz entwickelt, immer neu spannende Bücher heranzuschaffen.)

Unsere Werte und Herzensangelegenheiten werden wir nie vollkommen erreichen. Es sind die Leuchttürme, die uns Orientierung geben: Genau dorthin möchten wir. Und von dort aus brechen wir das Ganze herunter bis zu der vierten Ebene der wertgeschätzten Gewohnheiten. Die haben den Vorteil, dass wir uns nicht mehr groß Gedanken machen müssen, ob und wann wir heute meditieren, zum Laufen gehen oder den Kindern vorlesen. Bei wertgeschätzten Gewohnheiten ist die Entscheidung schon getroffen.

Wir machen es einfach genauso selbstverständlich wie das Zähneputzen.

Von Herzenszielen zu konkreten Schritten und wertgeschätzten Gewohnheiten

Wie kommen wir nun von den Zielen aus Schritt 2, also der oberen Ebene von Herzensanliegen und Werten, zu ganz konkreten Gewohnheiten in unserem Leben? Wir steigen durch die Ebenen hinab bis zu den ganz alltäglichen Handlungen und den dahinterliegenden inneren Haltungen.

Genauso vielfältig wie Ihre Herzensangelegenheit können natürlich die konkreten Schritte auf sie zu sein. Wenn es Ihr Ziel ist, ein liebevoller Vater zu sein – wie drücken Sie das am besten aus? Durch eine große X-Box zu Weihnachten, sodass die Kinder während der Feiertage rundum mit Videospielen beschäftigt sind, oder den noch größeren Flachbildschirm im Kinderzimmer? Oder indem Sie sich Zeit nehmen, um mit Ihren Kindern zu spielen und zu kuscheln, ihnen zuzuhören und ihnen in all Ihrem Verhalten Liebe und Zuwendung zu signalisieren?

Wenn es Ihnen wichtig ist, sich mehr zu bewegen und sich um Ihre Rückenschmerzen zu kümmern – was könnte dann der richtige Weg sein? Sicherlich werden Sie Übungen zur Stärkung der Rückenmuskulatur machen, zum Rückenfitkurs oder ins Yoga gehen.

Wenn Sie als Vorgesetzter das Ziel haben, wertschätzender mit Ihren Mitarbeitern umzugehen, dann drücken Sie das möglicherweise durch ein offenes Ohr bei den Teambesprechungen und Mitarbeitergesprächen aus. Dadurch, dass Sie sich für die Anliegen Ihrer Mitarbeiter interessieren und sich für ihre Bedürfnisse einsetzen. Durch Ihre Freundlichkeit und Ihr Lob für die geleistete Arbeit.

Wenn es Ihnen wichtig ist, einen ökologischen Beitrag zu leisten, dann kommt es darauf an, Gewohnheiten zu bilden, die den CO_2-Ausstoß verringern. Sie werden also dem Fahrrad und den öffentlichen Verkehrsmitteln den Vorrang vor dem Auto oder gar dem Flugzeug geben. Auch bei den täglichen Einkaufsentscheidungen können Sie viele kleine Beiträge leisten. Allein die Reduktion des Fleischkonsums hat eine nachhaltige Wirkung, ebenso die Unterstützung von regionalen Produzenten.

Nicht das, was wir denken, zählt, sondern das, was wir tun. Unser Rücken kann nur Muskeln bilden, wenn wir ihn bewegen. Unsere Kinder erleben unsere Liebe nur durch unseren direkten Kontakt, in dem wir uns mit ihnen verbinden und herausfinden, wie wir sie am besten ins Leben begleiten.

Um Micro-Habit-Schritt 4 zu vollziehen, fragen Sie sich: Was ist die nächste Handlung in Richtung meiner Herzensangelegenheit? Was ist die nächste Gelegenheit, um mich bei der Rückenschule anzumelden, den nächsten Hofladen aufzusuchen oder mit der Tochter Englischvokabeln zu lernen?

Die vier Ebenen dessen, was Ihnen wichtig ist

Kopieren Sie sich diese Übersicht, und füllen Sie sie, wann immer es Ihnen erneut sinnvoll erscheint, für einzelne Lebensbereiche aus. Sie können sie auch von meiner Internetseite herunterladen, siehe Anhang.

Werte und Herzensangelegenheiten	
Ziele	
Konkrete Schritte	
Wertgeschätzte Gewohnheiten	

Gewohnheiten daraus werden lassen

Wenn Sie Ihre konkreten Schritte und wertgeschätzten Gewohnheiten herausgefunden haben, geht es in die Aktion. Und natürlich – es geht ja um Gewohnheiten – belassen Sie es nicht bei einer Einzelaktion. Auch die wäre besser, als gar nichts zu tun. Doch wenn Ihnen etwas wirklich wichtig ist, nutzen Sie die Fähigkeit Ihres Gehirns, es zu etwas Regelmäßigem werden zu lassen. Unser Gehirn hat die Fähigkeit, wichtige Handlungen tief zu verankern, sodass sie immer wieder immer leichter, wie von allein, ausgeführt werden. Sie sind dann eben zu einer Gewohnheit geworden. Wie das genau geht, das erfahren Sie auf den nächsten Seiten. Beim Micro-Habit-Schritt 4 muss ich nämlich ein bisschen weiter ausholen und das Ganze in vier Unterschritte unterteilen. Die anderen Schritte dienten vor allem der Bewusstwerdung. Jetzt aber muss daraus gelebte Praxis werden.

Wie bei Veit, dem Studenten, der eines Tages bemerkte, dass ihn das ewige Herumgammeln und Videospielen nicht befriedigte. Sein Ziel war, sein Studium bestmöglich abzuschließen und gut ins Berufsleben zu starten. Die konkreten Schritte hierfür waren, regelmäßig zu lernen – nicht mal ganz viel und dann wieder lange gar nicht. Als wir gemeinsam Micro-Habit-Schritt 4 erarbeiteten, sagte er: »Ich werde mir in den nächsten Tagen einen Plan machen und meine Lerneinheiten festschreiben. Nicht zu viel, aber auch nicht zu wenig. Ich werde mir Zwischenziele für die Woche setzen und die Artikel und Lehrbücher für diese Woche in der Mitte des Schreibtischs bereitlegen. Für die Tage, an denen ich den Wecker ausstelle und verschlafe, habe ich eine Mitbewohnerin gebeten, bei mir um neun Uhr zu klopfen. Sie unterstützt mich an den schwierigen Tagen, in die Gänge zu kommen.« Seit er sich an seinem Lernplan orientiert und Zeiten zum Lernen festgelegt hat, fühlt er sich deutlich zufriedener. Veit hatte seine Schwierigkeiten im Auge und arbeitet daran, eine neue Routine zu etablieren. Er ist mittendrin in Micro-Habit-Schritt 4.

Von der Fremd- zur Selbstbestimmung

Eine wertgeschätzte Gewohnheit bringt uns immer wieder zurück ins Zentrum unseres Lebens, sie verbindet uns mit dem, was uns wichtig ist. Konsumgewohnheiten, die von außen gesteuert werden, führen uns in Entfremdung und Unzufriedenheit. Wir bekommen immer weniger mit, was wir eigentlich brauchen. Wir konsumieren immer mehr von dem, was wir nicht brauchen, und bekommen in der Folge immer weniger von dem, was wir eigentlich wollen. Deshalb ist es sehr kraftvoll und lohnend, Gewohnheiten aus unserem eigenen inneren Zentrum heraus zu bilden. Wir werden immer weniger anfällig für »Hackerangriffe« alter Gewohnheiten und bemerken viel schneller, was uns unseren Werten näherbringt und was uns von den eigentlichen Zielen wegführt. Wir selbst bestimmen wieder und werden nicht mehr von außen manipuliert, getrieben oder verführt zu etwas, das wir eigentlich weder wollen noch brauchen.

Viele Menschen wissen spontan, was sie wollen. »Ja, ich möchte mehr Gemüse und mehr Frisches essen.« »Ja, ich will zweimal die Woche joggen gehen.« »Ja, ich will eine Entspannungsmethode lernen und jeden Abend nutzen.« Solche Absichten werden am Silvesterabend in trauter Runde als Vorsatz fürs neue Jahr verkündet. Doch spätestens Mitte Januar, wenn der Alltag wieder trottet, ist wenig übrig von diesen Vorsätzen.

Was ist also erforderlich, wenn wir unser Leben und unsere Gewohnheiten selbst bestimmen wollen? Die gute Absicht allein genügt nicht. Sobald wir wissen, was wir wollen – und das haben wir bis hierhin erarbeitet – können wir vier Fähigkeiten einsetzen:

a. Selbstmotivation
b. Umweltkontrolle
c. Verhaltensplanung
d. Wertorientierte Belohnungen

Micro-Habit-Schritt 4a: Routine aufbauen – Selbstmotivation

Um etwas zu verändern, müssen wir motiviert sein. Und diese Motivation ist dann am stärksten und am tragfähigsten, wenn sie aus uns selbst kommt – wenn wir also niemand anderen brauchen, der uns antreibt, sondern wenn es uns ein Bedürfnis ist, die alte Gewohnheit zu lassen und eine neue zu etablieren.

Intrinsische Motivation

Jedes Ziel, das Sie als erstrebenswert erachten, besitzt eine Qualität, die für Sie motivierend erscheint. Der Schlüssel, gute Gewohnheiten wirklich zu leben, liegt darin, dass Sie herausfinden, welche Qualität Sie an Ihrem Ziel reizt. Als ich Ina fragte »Warum gehst du nach einem langen Arbeitstag im Büro noch zum Yoga?«, antwortete sie: »Ich mag das schöne entspannte Gefühl, das dabei entsteht. Ich spüre meinen Körper wieder und fühle mich einfach wieder lebendig.« Dieses Gefühl ist für sie ausreichend motivierend, um regelmäßig die Yogamatte hervorzuholen. Es handelt sich um eine intrinsische Motivation. Hier gibt es keine Medaille zu gewinnen und kein Ziel zu erreichen. Allein die gewohnte Yogastunde genügt, weil Ina die Tätigkeit in sich wertvoll, wichtig und stimmig erscheint. Es ist eine wertgeschätzte Gewohnheit, die nebenbei auch noch zu Gesundheit und Wohlbefinden beiträgt.

Veit stellt sich zur Selbstmotivation das befriedigende Gefühl vor, wenn er seinen Lernplan eingehalten hat und seinem Ziel, das Studium gut zu absolvieren, nähergekommen ist. Es fühlt sich sehr zufriedenstellend an, sich etwas erarbeitet zu haben, und er kann sich einen schönen Abend mit Freunden machen.

Ben hat ein Start-up gegründet, er arbeitet seit zwei Jahren sehr viel daran. Auf die Frage, warum er so viel Zeit investiert, antwortet er ganz spontan: »Mir macht es einfach Freude, meine eigenen Ideen umzusetzen und diese Firma zu gestalten. Da schau ich nicht auf die Uhr.«

Sie sehen schon: Um Ihr Ziel allen Widerständen zum Trotz zu erreichen und günstige Gewohnheiten zu entwickeln, müssen Sie aus sich selbst heraus motiviert sein. Was Ihnen dabei helfen kann, diese Motivation zu finden oder hervorzulocken, möchte ich Ihnen im Folgenden etwas ausführlicher erklären.

Heiß oder kühl?

»Stört es dich, wenn ich rauche?« Ich saß noch schmatzend über meinen Spaghetti, während meine Kollegin schon fertig war und bereits die Zigarettenschachtel und das gelbe Feuerzeug gut sichtbar auf dem Tisch platziert hatte. Sie zog voller Vorfreude eine Zigarette hervor. In mir lief ein ganz anderes Programm ab, einerseits wollte ich ihr die Freude nicht verderben, andererseits sah ich etwas angewidert auf die Schachtel. Sie sog mit geschlossenen Augen genüsslich den ersten Zug ein. Rauchwolken zogen mir in die Nase. Ich mag den Geruch nicht, dachte ich. Sie tauchte genussvoll ein in die Belohnung, die ihr Gehirn ihr bereitete, und ich fühlte mich leicht angewidert und befremdet. Mir fiel zugleich auch noch ein an Lungenkrebs verstorbener Kollege ein.

Ein Reiz, zwei völlig unterschiedliche Bewertungen und Reaktionen. Bei meiner Kollegin war ein starkes Verlangen nach der Zigarette da und eine positive emotionale Reaktion. Bei mir waren ablehnende Gedanken da und mir fielen die traurigen Langzeitkonsequenzen ein. Zwei völlig unterschiedliche Systeme waren aktiviert.

Der Neurophysiologe Samuel McClure konnte zeigen, was in uns passiert, wenn wir zwischen kurzfristiger Belohnung und einer größeren Belohnung in der Zukunft wählen können.[9] Er konnte bestätigen, dass es im Gehirn dazu zwei unterschiedliche neuronale Systeme gibt. Zunächst ein heißes System, das durch sofortige Belohnungen aktiviert wird. Es ist hoch automatisiert, unbewusst und schenkt den längerfristigen Konsequenzen wenig Beachtung. Es sitzt im limbischen System, von zentraler Bedeutung ist die Amygdala, der sogenannte Mandelkern. Dieses System will sofort die Befriedigung einer Lust, die Konsequenzen sind ihm egal. Vor allem die sinnlichen Reize wie Geruch und Geschmack oder die intensive Vorstellung davon wecken das Verlangen. Je heißer die Belohnungserwartung, desto größer ist das Verlangen und desto schwieriger ist es, den Impuls zu kontrollieren. Was in uns das Verlangen weckt, ist sehr unterschiedlich. Bei meiner Kollegin ist es die Zigarette. Und wenn die Bedienung als Nachtisch Tiramisu anbieten würde, dann würde meine Amygdala heißlaufen. Allein die Vorstellung genügt: Während ich am PC sitze und mir Tiramisu vorstelle, läuft mir das Wasser im Mund zusammen.

Auf der anderen Seite gibt es in unserem Gehirn ein kühles System. Dies ist langsamer, sachlicher, nüchterner und hat die längerfristigen Konsequenzen im Blick. Es sitzt im präfrontalen Kortex. Mit diesem System können wir Probleme lösen, längerfristige Ziele verfolgen, unsere Aufmerksamkeit steuern und unsere Gewohnheiten in Richtungen lenken, die uns den längerfristigen Zielen näherbringen. Mit diesem kühlen System wollen wir zu rauchen aufhören oder gesünder essen.

Wir tragen beide Systeme in uns und sie ergänzen sich. Wir können sie daher beide zur Bildung von gewünschten und zur Unterbrechung von schädlichen Gewohnheiten nutzen.

Die Bewertung zählt

Die Zigarette, das Tiramisu, das Klingeln des Handys – alle Reize lösen eine spontane, bewertende, emotionale Reaktion in uns aus. Je nachdem, welche Merkmale für uns in diesem Moment im Vordergrund stehen. Sehe ich in der Zigarette das lustvolle Genussobjekt, das ich mit Pause, Erholung, geselligem Zusammensein verbinde, werde ich anders handeln, als wenn ich assoziiere: Stinkt, schmeckt nicht, schädigt die Gesundheit, Menschen fielen ihr zum Opfer und starben an Krebs. All dies sind kognitiv-emotionale Bewertungen. Je nach Bewertung wird das heiße oder kühle System in Gang gesetzt. Das heiße System hat den Genuss des Rauchens, das sinnliche Erleben im Vordergrund; das kühle System hat die Fakten, die längerfristigen Folgen im Blick. Es ist eher der analytische, beschreibende Blick auf die Welt.

Der römische Philosoph Epiktet formulierte: Es sind nicht die Dinge, die uns stören, sondern die Bewertung der Dinge. Bezogen auf Gewohnheiten können wir sagen: Es sind nicht die Dinge, die uns zu schlechten Gewohnheiten verführen, sondern unsere gelernten Bewertungen, die exzessive oder auch Vermeidungsgewohnheiten erzeugen.

Walter Mischel, der Erfinder des Marshmallow-Tests, konnte selbst dem Rauchen nicht widerstehen und war zeitweise ein Kettenraucher.[10] Dabei lag der Schwerpunkt seiner Forschung darin, wie Menschen lernen können, Belohnungen aufzuschieben. Sehr offen beschreibt er, wie er es offenbar nicht konnte. Eines Tages ertappte er sich dabei, wie er mit einer rauchenden Pfeife unter der Dusche stand. »Ich bin abhängig.« Diese Einsicht traf ihn tief. Er rauchte zu dieser Zeit drei Schachteln Zigaretten täglich und zusätzlich Pfeife. Dies führte aber noch nicht dazu, dass er seine Gewohnheit änderte. Erst der Anblick eines schwer an Krebs Erkrankten, der zur Bestrahlung gebracht wurde, führte ihm die möglichen Folgen der Sucht vor Augen. Das kühle System der langfristigen Folgen begann langsam, sein heißes System abzulösen.

Er entwickelte nun mit seinen psychologischen Kenntnissen ein eigenes Programm, um sich von seiner Sucht zu kurieren. Als Erstes ging er die heiße Verlockung, das Craving, an. In eine Dose füllte er alte Zigarettenkippen und Pfeifenasche. Die hatten einen so penetranten, intensiven Nikotingeruch, dass es sogar ihm fast übel wurde. Sobald er Lust auf eine Zigarette bekam, griff er stattdessen zu dieser Dose und inhalierte den ekligen abgestandenen Nikotingeruch. Zusätzlich versuchte er, sich die Erinnerungen an den Krebspatienten lebendig zu machen. Er verdeutlichte sich also die langfristigen Konsequenzen des Rauchens, die eigentlich Thema des kühlen Systems sind, so heiß und bedrohlich wie möglich. Das bewirkte, dass auch bei diesen Erinnerungsbildern die Amygdala aktiv wurde.

Walter Mischel nutzte damit beide Systeme, um sich von seiner Abhängigkeit zu kurieren. Er lenkte das heiße System in Richtung Ablehnung und versuchte, es zudem abzukühlen, um sich so mit der Zeit den Genuss am Rauchen zu vermiesen. Parallel machte er das kühle System heiß, sodass für ihn auch die gesundheitlichen Folgen emotional spürbar wurden und seine Amygdala zum Zittern brachten. Es war nicht mehr eine abstrakte Information, die irgendwo in einer Broschüre stand. Für ihn wurde daraus eine persönliche Betroffenheit. Er stellte sich zeitweise sogar vor, dass er der krebskranke Patient sei, der auf die Bestrahlung wartet. Vor seinem inneren Auge sah er, wie er diese Konsequenzen erlebt und die Bestrahlung bevorsteht. Durch diese Strategien gelang es ihm zunächst immer besser, die erhoffte Belohnung, also die nächste Zigarette, aufzuschieben, und mit der Zeit fand eine Umbewertung statt. Das Rauchen war nicht mehr verlockend, das kühle System hatte die Amygdala langsam, aber sicher überzeugt.

Das heiße und das kalte System nutzen

Wie geht das praktisch? Ich kann eine Zigarettenschachtel in der Hand halten und mir vorstellen, was für ein Genuss es gleich sein wird, den ersten Zug zu inhalieren. Ich stelle mir in diesem Moment eine zukünftige Handlung vor, durch die etwas Schönes, Wünschenswertes oder Genussvolles geschieht. Mit dieser Handlung ist also eine Wertung verknüpft.

Genauso gut kann ich die Schachtel in der Hand halten und mir vorstellen, wie es der Tabakindustrie gelungen ist, so viele Menschen zu verführen, eine krebserregende Substanz zu inhalieren, und dass die Lobby weiterhin so groß ist, dass Tabakwerbung in Deutschland immer noch nicht verboten ist. Ich denke an meinen an Lungenkrebs verstorbenen Kollegen, und ich spüre, wie Wutgefühle aufsteigen. Auch damit ist eine Wertung verknüpft, nur eben eine völlig andere.

Wir tragen die Werte in die Dinge hinein, mit denen wir umgehen. Deshalb trägt jede Handlung in sich eine Bewertung. Jeder Raucher bewertet den Moment des Rauchens als etwas, das er in gewisser Weise schätzt. Ich weiß, viele Raucher hassen sich dafür, dass sie rauchen, und doch drücken sie durch die Handlung jedes Mal neu aus, dass es für sie gerade wertvoll und wichtig ist.

Werte werden von uns gewählt und sie lenken unsere Handlungen. Indem Sie sich diese Bewertungen bewusst machen und die Werte wählen, die Ihnen am Herzen liegen (das ist Micro-Habit-

Schritt 2), können Sie Handlungen heiß machen, die Ihnen wichtig sind, und schlechte Gewohnheiten abkühlen. Es gelingt durch eine radikale Veränderung der Bewertung. Unsere Bewertungen wecken Craving oder sorgen für innere Distanz.

Dazu können Sie Ihre Vorstellung nutzen. Wenn es Ihr Wert ist, nachhaltige Produkte zu konsumieren, können Sie sich vorstellen, wie Sie durch Ihren Einkauf und Ihr Handeln Biobauern unterstützen und einen kleinen Beitrag für die Umwelt leisten. Wenn Sie es wertschätzen, in der Natur zu sein, dann führen Sie sich vor Augen, wie wohl Sie sich dabei fühlen, sich in der Natur zu bewegen. Experimentieren Sie mit einer wertgeschätzten Handlung, die Sie gern als Gewohnheit in Ihren Alltag integrieren wollen – mehr Fahrradfahren, konzentrierter studieren oder mehr Obst und Gemüse essen statt Fleisch.

Fragen Sie sich: Was ist mir daran wichtig? Wie wäre es, wenn ich das jetzt tun und erleben könnte? Holen Sie das Erstrebenswerte, das vielleicht auch noch in der Zukunft liegt, in die Gegenwart, und malen Sie es sich ganz konkret aus. Stellen Sie sich vor, es würde jetzt stattfinden. Finden Sie etwas, das Ihr heißes System anspricht. Rufen Sie sich auch immer wieder in Erinnerung, wie angenehm es war, als das Wertgeschätzte tatsächlich passiert ist.

Wenn der Ringer Frank Stäbler einen Motivationsschub braucht, setzt der Trainer auf zwei Ebenen an: Er macht ihm neu seine Ziele und Zwischenziele bewusst. Und er zeigt ihm auf, was der Unterschied zwischen Erfolg und Misserfolg bedeuten würde.

Halten auch Sie sich Ihre Ziele wach und lebendig und erhitzen Sie sie, dann sind Sie in direkter Verbindung mit Ihrer Herzensangelegenheit. Damit verbunden sind auch Kraft und Energie und damit alles, was Sie brauchen, um mit den Herausforderungen und Schwierigkeiten des Alltags umzugehen. Menschen mit einem Zugang zu dieser Motivationsquelle spüren dies auch innerlich. Meistens taucht ein Gefühl der Stimmigkeit auf, ein leichtes Lächeln breitet sich aus oder das Gefühl, aus der eigenen Energie heraus zu handeln.

Bei negativen Gewohnheiten können Sie ebenfalls Ihre Vorstellungskraft nutzen. Malen Sie sich die langfristigen Konsequenzen aus, so wie Walter Mischel sich vorstellte, wie er durch sein Kettenrauchen an Krebs erkrankt sei und auf die Bestrahlung wartet. Fragen Sie sich: Gibt es mögliche längerfristige gesundheitliche Konsequenzen? Welche Wirkungen hat die Handlung für Sie, Ihre Kinder, die Pflanzen und Tiere? Versuchen Sie, sich daran zu erinnern, dass gewohnheitsmäßiges Handeln auch Ausdruck einer Wertschätzung ist. Die Bewertung entscheidet darüber, welches emotionale System in uns anspringt. Denken Sie immer daran, dass wir die Bewertungen wählen und somit auch verändern können.

Das Ich-kann-Gefühl

Ich brauchte natürlich auch eine große Portion Selbstmotivation, um dieses Buch zu schreiben. Bücher zu schreiben kann nämlich mitunter anstrengend sein. Ab und zu aber geschehen diese sehr beglückenden Momente, wenn es gelingt, einen Zusammenhang klar darzustellen oder etwas auf eine tiefe Weise zu verstehen und auszudrücken. Das macht Spaß. In den anstrengenden Zeiten erinnerte ich mich dann ganz aktiv an diese erfüllten Augenblicke und konnte mich damit motivieren, auch kleine Durststrecken zu überwinden.

Außerdem teilte ich mir den Prozess in kleine Zwischenschritte ein, kleine Abschnitte, die überschaubar waren. Wenn ich mich vor allem auf diese kleinen Zwischenziele konzentrierte, dann war schnell ein Erfolgserlebnis da. Dann tauchte das Ich-kann-Gefühl auf. Letztlich machte ich es so, wie es der Straßenkehrer Beppo

Momo erklärt: »Man darf nie an die ganze Straße auf einmal denken, verstehst du? Man muss nur an den nächsten Schritt denken, an den nächsten Atemzug, an den nächsten Besenstrich. Und immer wieder nur an den nächsten.«[11]

Bei neuen, wertvollen Gewohnheiten geht es darum, immer wieder zu diesem Erleben zu kommen: »Ich kann es.« Das ist in sich belohnend. Ob es ums Kochen geht oder darum, mit dem Fahrrad zur Arbeit zu fahren. Haben wir es mehrmals hintereinander getan, wächst bereits der Stolz, dass wir es schaffen. Wir können außerdem das gesunde, gute Essen mit allen Sinnen spüren. Wir können uns an unserer Bewegung und dem vertieften Atem auf dem Fahrrad erfreuen. Und diese positiven Gefühle werden uns motivieren, an dieser neuen Gewohnheit dranzubleiben. Die Belohnung liegt in der Tätigkeit selbst. Diese Freude am Tun kann mit allen Tätigkeiten verbunden sein, sobald wir dabei Erfolgserlebnisse erfahren.

Micro-Habit-Schritt 4a: Routine aufbauen – Selbstmotivation

Darum geht's:

Um alte Gewohnheiten zu verabschieden und neue zu etablieren, müssen wir aus uns selbst heraus motiviert sein. Dies lässt sich mit unterschiedlichen Methoden verstärken.

Werte und Ziele → Selbstmotivation → Verhalten

Bei exzessiven Gewohnheiten den Belohnungsreiz abkühlen

Walter Mischel gelang die Abkühlung seiner Raucherlust durch die Vorstellung, selbst an Lungenkrebs erkrankt zu sein. Es kann also eine erfolgreiche Methode sein, sich die langfristigen Konsequenzen ins Jetzt zu holen. Für mich war die Vorstellung, vor Weihnachten bereits bei meinem Höchstgewicht angelangt zu sein, sehr unangenehm. Ich stellte mir vor, wie es wohl erst in sechs Wochen sein würde. Die daraus erwachsenden Bilder wirkten auf mich wie eine Vollbremsung. Die jetzt schon engen Hosen würden mir alle nicht mehr passen. Diese Vorstellung motivierte mich, mein Verhalten tatsächlich zu ändern. Der Belohnungsreiz, den ich vorher mit Naschereien verbunden hatte, konnte mich nicht mehr erreichen.

Martin hatte einen Burn-out hinter sich. Er arbeitete als Ingenieur in einem Planungsbüro und sein Chef hatte ihm nach seiner Rückkehr ein neues Projekt angetragen. Er ertappte sich dabei, dass er am liebsten wie gewohnt losgerannt wäre und versucht hätte, das Projekt trotz unrealistischer Zeitvorgaben zu schaffen. Er hielt inne und stellte sich vor, wie es wäre, in dem Tempo das nächste halbe Jahr zu arbeiten. Die Vorstellung machte ihm schnell klar, dass er dann bald wieder krank wäre. Martin erinnerte sich an die Krankheitsphase, die Erschöpfung und die Zeit in der Klinik, und schnell wurde ihm klar, um was es jetzt geht: bei der Arbeit auch auf seine Grenzen zu achten. Die exzessive Arbeitsgewohnheit der vergangenen Jahre hatte zu gesundheitlichen Schäden geführt. Nein-Sagen und die potenzielle Disharmonie mit dem Chef sind zwar unangenehm, aber noch einmal in die Krise zu geraten, wäre für ihn viel schlimmer. So etablierte Martin die neue Gewohnheit, langsam und bedacht vorzugehen und auf sein Arbeitspensum und realistische Zeitvorgaben zu achten. Unrealistische Ziele besprach er früh mit seinem Vorgesetzten.

Sich an die eigenen Werte erinnern

Seien Sie im Kontakt mit dem, was Ihnen wichtig ist – auch das motiviert. Wie bei Laura. Sie hat Diabetes und spürt bereits erste gesundheitliche Folgen. Trotzdem liebt sie Weißbrot, Spaghetti und am liebsten dazu noch einen Schluck Wein. Aber sie weiß, dass ihr das nicht guttut. Wenn sie ihrem Verlangen weiterhin nachgibt, schädigt sie ihren Körper: Gefäße, innere Organe und Augen werden massiv beeinträchtigt. Dies kann bis zu Blindheit führen, zu Niereninsuffizienz, Herzinfarkt oder Amputationen.

Am wichtigsten sind Laura ihre Kinder. Und deswegen denkt sie immer dann an die beiden, wenn sie wieder in die alte Gewohnheit kippen will, Dinge zu essen, die ihre Krankheit befördern. »Ich will erleben, wie meine Kinder groß werden. Ich will nicht mein Augenlicht verlieren wegen zu viel Süßigkeiten und ein paar Spaghetti.« Auf diese Art motiviert sich Laura.

Wenn wir uns die Schädigung offen und ehrlich eingestehen, die durch die Gewohnheit entstehen könnte, und sie dann in Verbindung mit dem bringen, was uns eigentlich wichtig ist, ändern wir ganz leicht unser Verhalten. Wir verderben uns gewissermaßen selbst den Spaß an dem, was uns ohnehin nicht guttut.

Wenn Sie merken, dass Sie bei Micro-Habit-Schritt 4, dem Aufbauen neuer Gewohnheiten, schwächeln und in alte Muster zurückzufallen drohen, seien Sie ehrlich zu sich selbst. Fragen Sie sich: Ist es das, was Sie wirklich wollen? Ist es das, was Sie gerade wirklich brauchen? Tut Ihnen das, was Sie reflexartig wieder tun wollen, gut oder gefährdet es Ihre Gesundheit, Ihre Lebenskraft, Ihren Job, Ihre Familie?

Wenn Sie Gewohnheiten über Jahrzehnte gepflegt haben, die sich bereits sehr schädigend für Ihr psychisches oder körperliches Wohlergehen gezeigt haben, dann kann es auch hilfreich sein, Unterstützung in einer Beratung und Psychotherapie zu nutzen.

Manchmal kommt man da selbst nicht so einfach heraus. Doch eine Psychotherapie kann auch einfach dazu genutzt werden, schädigende Gewohnheiten zu stoppen und wieder in die Spur zu kommen, um das zu leben, was einem am wichtigsten ist.

Bereit sein, Verlangen und Stress zu erleben

Mit dieser Möglichkeit der Selbstmotivation entwickeln Sie mehr Craving-Toleranz – Sie halten es also aus, dass nicht sofort die Belohnung erfolgt, die Sie aus alter Gewohnheit gern hätten. Auch wenn Sie nach einer Zeit sehr gut gelernt haben werden, Ihr Verlangen abzukühlen oder die Bewertung zu ändern, wird das lange trainierte Verlangen immer wieder mal auftauchen. Ihr Gehirn weiß, dass es hier etwas zu holen gibt. Seien Sie also darauf vorbereitet und seien Sie bereit. Wichtig ist nur, dass Sie dem Verlangen nicht nachgeben. Das wäre so ähnlich, wie wenn Sie mit Ihren Kindern in einen Spielwarenladen gehen und am Anfang sagen: »Ich kaufe heute nichts für euch. Aber wenn ihr ganz laut schreit und weint, dann gebe ich nach und kaufe euch doch etwas.« Was denken Sie, was dann passiert? Meine Kinder würden auch ohne diese aktive Ankündigung merken, ob ich sehr bestimmt dabeibleibe, ihnen nichts zu kaufen, oder ob schon in der Stimme der Hauch einer Unsicherheit zu spüren ist. Und sie würden alle Tricks anwenden, sodass ich bald schwach würde. Wenn meine Kinder aber merken, dass ich nicht bereit bin nachzugeben, dann hören sie irgendwann auf und finden sich damit ab.

Genauso ist es mit dem inneren Verlangen. Seien Sie bereit, dass es auftritt, vor allem in den Situationen, in denen Ihre typischen auslösenden Reize vorkommen – wenn Sie also beim Italiener mit dem leckeren Eis vorbeikommen oder Ihnen ein Kollege eine Zigarette anbietet. Seien Sie bereit, die Welle des Verlangens zu erleben, bis sie wieder abklingt. Craving verlangt nach der Belohnung –

doch das Interessante daran ist, dass es abklingt, ob wir die Belohnung erhalten oder nicht.

Bereit für die Welle des Verlangens

Stellen Sie sich eine Situation vor, in der das typische Verlangen Ihrer alten Gewohnheit auftaucht, vor dem Kühlschrank vielleicht oder auf der Autofahrt vorbei an der Tankstelle mit den leckeren Chips. Gehen Sie mit Ihrer Vorstellung in diese Situation, und malen Sie sich aus, was Sie sehen oder riechen. Welche Reize sind in der Situation besonders verlockend? Vielleicht wird Ihnen dabei auch bewusst, was der Auslöser ist. Was triggert am meisten das innere Verlangen?

Und nun seien Sie bereit, dieses Verlangen einfach zu spüren. Welche Gedanken tauchen auf? Was reden Ihnen diese Gedanken ein? Welche Bewertungen tauchen auf? Was passiert in Ihrem Körper? Welche Gefühle, Stimmungen oder Körperempfindungen sind da? Ist da auch etwas Unangenehmes, das Sie am liebsten loswerden wollen – Anspannung, Stress, Getriebensein? Versuchen Sie, das Verlangen neugierig zu erkunden. Sie können das Empfinden auch jederzeit unterbrechen, wenn es für Sie unangenehm und überwältigend wird.

Beobachten Sie alles mit freundlicher Neugier. Auch dieses Verlangen gehört zu Ihnen. Seien Sie bereit, es zu erleben, wenn es denn da ist.

Was passiert, wenn Sie eine Weile bei der Empfindung bleiben? Sie spüren vielleicht auch den Handlungsimpuls, ohne ihm zu folgen. Das Verlangen wird nicht befriedigt. Und vielleicht entdecken Sie ein Bedürfnis oder eine Sehnsucht, die auf einer tieferen Ebene aktiv ist. Ein Bedürfnis nach Nähe oder Ruhe vielleicht oder Sie spüren ein Gefühl von Angst oder Wut.

Kehren Sie immer wieder zurück zu der Welle des Verlangens, versuchen Sie nicht, dagegen anzukämpfen. Beobachten Sie, wie die Welle ansteigt und langsam wieder abklingt. Sie können Ihr Verlangen akzeptieren, ohne es befriedigen zu müssen. »Hallo, Verlangen, es ist okay, dass du gerade da bist.« Die innere Welle kann kommen und wieder gehen, wie Wellen an den Strand strömen und wieder abfließen.

Dann können Sie langsam die Vorstellungsübung beenden und wieder in der Gegenwart ankommen.

Ich selbst hatte mir fest vorgenommen, abzunehmen und deswegen abends nur eine Gemüsebrühe und allenfalls eine Banane zu essen, während ich mit der Familie am Esstisch saß. Ich fand es interessant, wie ich dabei erlebte, dass ich beim Abendessen verschiedene kleinere Wellen des Verlangens einfach spüren konnte. Ich trank einen Schluck oder aß meine Banane, statt mir ein Brot zu schmieren. Das Verlangen durfte da sein und mich beim Abendessen begleiten. Es kam und ging wieder. Auch auf das leichte Hungergefühl musste ich nicht sofort reagieren. Am Anfang war es ungewohnt. Ich empfand es aber mit der Zeit als angenehm, mal wieder leichten Hunger zu spüren. Dieses Verlangen war fast angenehm, viel angenehmer zumindest als ein übervoller Bauch und das unangenehme Gefühl, wieder mal zu viel gegessen zu haben. Und ich spürte auch die Vorfreude auf das Frühstück. Ich bemerkte außerdem, dass ich mit leichtem Hunger viel besser schlief als mit Völlegefühl.

Was ist das eigentliche Bedürfnis?

Kommen wir zu einem letzten Punkt im Zusammenhang mit der Selbstmotivation. Hinter vielen exzessiven Gewohnheiten steckt nämlich ein Bedürfnis, das wir versuchen zu füllen. Wir wählen aber dafür einfach nicht den besten Weg. Tanja zum Beispiel verbrachte viel Zeit in den sozialen Netzwerken. Sie bemerkte, dass bereits auf dem abendlichen Weg von der S-Bahn nach Hause ein unangenehmes Verlangen auftrat, sodass sie sich bald auch in dieser Zeit beim Gehen zum Chatten verabredete. Als ich sie fragte, welches Gefühl dahinterstecken würde, antwortete sie: »Ich fühle mich ganz schnell einsam. Das ist für mich unerträglich.« Ihr wurde klar, dass sie auch andere Möglichkeiten ausprobieren konnte, sich nicht mehr so einsam zu fühlen. Denn wirklich befriedigend waren die zahllosen Internetkontakte nicht. Als sie das verstand, war sie hochmotiviert, wieder mehr unter Menschen zu sein – im realen Leben.

Als ich mich fragte, warum ich abends so viel esse, obwohl ich eigentlich gar keinen Hunger habe, wurde mir deutlich, dass es mir gar nicht ums Essen ging. Mir ging es um die Geselligkeit und das Zusammensein mit der Familie. Dafür musste ich aber nicht alles essen, was gerade auf dem Tisch stand. Ich konnte die Gespräche und das Miteinander noch mehr genießen, wenn ich einfach dabei war.

Durch exzessive Gewohnheiten bleibt oft das Bedürfnis darunter unbefriedigt. Tanja kann noch so viel chatten, doch vermutlich wird das Bedürfnis nach echter Verbindung dadurch nicht befriedigt. Auch für Martin, der nach seinem Burn-out wieder in der alten Firma anfing, war es wichtig, wieder in Kontakt mit den eigenen Bedürfnissen zu kommen. Er hatte sich immer sehr an den Vorgaben der Firma und den Erwartungen der anderen orientiert und dabei seinen eigenen Kompass verloren. Er entdeckte, dass sein tieferes Bedürfnis das nach Anerkennung war. Nun war er motiviert, dieses Bedürfnis auf andere Weise zu befriedigen und sich beispielsweise wieder intensiver um seine Partnerin und seine Hobbys zu bemühen.

Sie sehen, es gibt viele Wege, sich selbst dafür zu motivieren, neue und sinnvolle Gewohnheiten zu etablieren und die alten fallen zu lassen. Wenn Sie hier im Micro-Habits-Schritt 4, also beim Aufbauen von Routine, angelangt sind, ist eine stetig hohe Motivation ein wesentlicher Schlüssel zum Erfolg.

Micro-Habits-Schritt 4a: Routine aufbauen – Selbstmotivation

Ganz praktisch:

Halten Sie inne und stellen Sie sich eine wertgeschätzte Gewohnheit vor. Denken Sie daran: Ihre Handlung ist ein Ausdruck der Wertschätzung. Wählen Sie eine erwünschte Gewohnheit aus – irgendetwas aus den Bereichen Ernährung, Bewegung, Arbeit oder Nachhaltigkeit.

Was ist Ihnen daran wichtig? Wie wäre es, wenn Sie es jetzt tun und erleben könnten? Holen Sie die wertgeschätzte Handlung, die vielleicht noch in der Zukunft liegt, in die Gegenwart, und malen Sie sich Ihr Tun ganz konkret aus. Stellen Sie sich vor, es würde jetzt stattfinden. Finden Sie etwas, das Ihr heißes emotionales System anspricht. Rufen Sie sich dabei auch immer wieder in Erinnerung, wie es war, als Sie diese gewünschte Handlung schon Realität werden ließen.

Bei negativen Gewohnheiten können Sie Ihre Vorstellungskraft genauso nutzen und sich die langfristigen negativen Konsequenzen ausmalen. Was passiert, wenn Sie dieser Gewohnheit die nächsten Jahre weiter folgen? Seien Sie ehrlich zu sich selbst und lügen Sie sich nicht in die Tasche. Kommen Sie auch dabei in Kontakt mit Ihren Gefühlen.

Micro-Habit-Schritt 4b: Routine aufbauen – Umweltkontrolle

Auf dem Weg ins Hotel hatte ich mir Schokolade und Obst gekauft. Im Hotel angekommen, beantwortete ich noch ein paar E-Mails. Nebenher jedoch wanderten meine Gedanken immer wieder in Richtung Koffer, in dem die Schokoriegel lagen. Genervt von meiner Unkonzentriertheit, stellte ich nach einer Weile den Koffer in den Hotelschrank. Und das war sehr wirkungsvoll. Aus den Augen, aus dem Sinn. Von da an konnte ich mich sehr gut auf die Arbeit konzentrieren. Die Schokolade war für mein Gehirn offenbar nicht mehr existent, obwohl nur eine Schranktür dazwischenlag. Ich benötigte keine Selbstkontrolle mehr, da für meinen Geist die Schokolade einfach weg war.

Reiz → Reaktion

In der Psychologie wird von Umweltkontrolle oder Stimuluskontrolle gesprochen. Damit ist gemeint, dass Gewohnheiten vor allem von Umweltreizen äußerer oder innerer Art ausgelöst werden. Die Umwelt bringt eine automatische Reaktion hervor – wenn das Handy klingelt, suchen wir sofort das Gerät und schauen drauf, was von uns gewollt wird. Und die Schokolade im Koffer verlangt danach, gegessen zu werden.

Bei tief sitzenden gelernten Gewohnheiten wirken die auslösenden Reize viel stärker als die Belohnung. Wenn die Schokolade da ist, essen wir sie, auch wenn sie uns vielleicht gar nicht so besonders schmeckt. Das hat zur Folge, dass wir Gewohnheiten beibehalten, auch wenn es sich gar nicht mehr lohnt oder sie sogar ins Gegenteil umschlagen und wir uns selbst damit regelrecht bestrafen. Das konnte in Rattenversuchen gezeigt werden, die eine gelernte Gewohnheit nicht einfach aufgaben, auch wenn die Nahrung nicht mehr schmeckte oder sogar unangenehme Folgen hatte. Die Umweltreize übernehmen die Kontrolle, irgendwann sind die Konsequenzen egal.

Bitte lassen Sie sich diese Tatsache mal auf der Zunge zergehen. In sehr vielen Situationen kontrollieren Sie nicht mehr selbst Ihr Verhalten. Ein Umweltreiz genügt, um in Ihnen Prozesse in Gang zu setzen. Der Reiz allein weckt die Motivation und wirkt belohnend. Die Kontrolle ist outgesourced an die Umwelt. Ihr Körper weiß, wie er sich verhalten muss – beim Autofahren, Essen, Duschen, aber auch beim Rauchen oder bei PC-Spielen. Sobald Sie sich in der spezifischen Situation befinden, laufen Gewohnheitsketten ab und Sie benötigen für die jeweilige Gewohnheit kein Bewusstsein mehr. Sie werden von der Umwelt kontrolliert. Ob es zu Ihrem Schaden oder Nutzen ist, spielt dabei oft keine Rolle.

Wir können es aber auch umgekehrt betrachten: An diesem Punkt sind Gewohnheiten nämlich sehr anfällig. Wir können Einfluss auf den Umweltreiz nehmen. Sobald wir an der Umwelt etwas verändern und den Koffer mit der Schokolade in den Schrank stellen, ist die Gewohnheit unterbrochen. Und umgekehrt: Die Schokolade sichtbar auf den Schreibtisch zu legen, hätte vermutlich dazu geführt, dass ich sie nebenbei weggefuttert hätte, vielleicht sogar, ohne es zu bemerken.

Micro-Habit-Schritt 4b: Routine aufbauen – Umweltkontrolle

Darum geht's:

Wenn Sie eine Gewohnheit etablieren oder stoppen wollen, können Sie an der Umwelt ansetzen. Gestalten Sie sie so, dass es ganz leicht wird, die neue, gewünschte Gewohnheit zu leben – und fast unmöglich, wieder in die alte zu fallen.

Werte und Ziele → auslösender Reiz → Verhalten

Umweltreize als Startschuss für positive Gewohnheiten

Bernd betritt morgens als Erster seine Arztpraxis, wenn noch keine Patienten und Kolleginnen da sind. Diese Zeit erlebt er als sehr kostbar. Er hat diese erste halbe Stunde gewählt, um für sich eine Achtsamkeitsübung zu machen. Abends legt er sich das Meditationskissen in seinem Praxisraum bereit, sodass er morgens fast darüber stolpert. Seit er das so handhabt, macht er seine Übung wirklich regelmäßig.

Johanna hat sich extra zwei Paar Laufschuhe gekauft. Ein Paar hat sie immer im Auto dabei. Sie ist im Außendienst unterwegs und nutzt oft den Nachhauseweg oder wenn sie in einem Hotel übernachtet, um eine Runde zu laufen. Das andere Paar Laufschuhe steht neben dem Ausgang zu Hause, sodass sie beim Verlassen des Hauses an das gute Gefühl erinnert wird, das auftritt, wenn sie durch die Natur joggt.

Veit hat bemerkt, dass er viel Zeit damit verbringt, seinen Schreibtisch aufzuräumen und Mails zu beantworten, während er sich eigentlich auf eine Prüfung vorbereiten will. Manchmal vergeht dabei fast eine Stunde und er hat noch nichts für die Prüfung getan.

Seit er abends das Skript aufgeschlagen auf den Tisch legt und am besten noch die Prüfungsfrage aufschreibt, mit der er beginnen möchte, klappt es ganz gut, sofort mit der Arbeit zu beginnen. Die Prüfungsfrage zieht ihn sofort in das Thema hinein, und seinem Geist ist die Richtung vorgegeben, in die es gehen soll.

An all den Beispielen wird deutlich, wie der auslösende Reiz für das gewünschte Verhalten ausgewählt und ganz bewusst gesetzt wird. Je größer und deutlicher der Reiz ist, desto besser.

Sie können an William James denken, der Gewohnheiten mit den Kräften der Natur verglichen hat, mit Wasser, das sich in den gewohnten Bahnen und Vertiefungen bergab bewegt. In diesem Sinne sind die Auslösereize die Bahnen, in denen das Wasser in die gewünschte Richtung fließen kann. Geben Sie die Richtung vor: durch Ihre Vision, durch das, was Ihnen wichtig ist im Leben. Und überlegen Sie sich einfache und klare Reize, die für Sie offensichtlich sind und Ihr Verhalten wie Wasser in die richtige Richtung lenken.

Das Meditationskissen auf dem Boden, die Laufschuhe im Auto und im Hauseingang, sie wecken in uns sofort die Motivation zu der Handlung, die wir zur Gewohnheit werden lassen wollen. Wenn Sie also eine neue Gewohnheit etablieren wollen, wählen Sie einen Reiz aus, der Sie an diese Gewohnheit erinnert. Positionieren Sie ihn klar sichtbar, sodass Sie im gewohnten Alltag darüber »stolpern«. Es kann auch ein Eintrag im Kalender sein, das Geräusch einer Eieruhr, das an die Pause erinnert, oder die Gartenschuhe, die rufen: »Zeit für etwas Gartenarbeit«.

Einige meiner Klienten sind davon abgekommen, die Erinnerungsreize mit dem Handy zu verbinden. Das Handy ist ein sehr komplexer mehrdeutiger Reiz, wenn wir ein Geräusch von ihm hören, kann es sein, dass wir uns erst noch kurz die Nachrichten von Freunden, die News oder neue Social-Media-Einträge ansehen und überlegen, wen wir noch anrufen wollten. Je mehr alltägliche

Gewohnheiten Sie mit dem Handy verbinden, desto uneindeutiger werden die Reize. Bei der multiplen Nutzung senden Handys immer multiple Reize, keine einfachen klaren Reize mehr. Für unser Gehirn ist es einfacher, Gewohnheiten durch eindeutige Reize zu bilden. Die Laufschuhe haben nur einen Hinweischarakter: »Geh laufen!«

Sinnlich, konkret, sichtbar, leicht verfügbar

Am wirkungsvollsten sind Reize, die für Sie sinnlich erfahrbar sind. So sind die Laufschuhe für Ihr Gehirn viel besser als die Worte »Laufen gehen«, die auf einem Zettel stehen. Das aufgeschlagene Buch hat einen konkreten Aufforderungscharakter und macht den Einstieg leicht. Der im Weg stehende Wäschekorb mit den Socken, die zusammengelegt werden wollen, kann zwar auch übersehen werden, aber je öfter wir ihm begegnen, desto weniger müssen wir überlegen, ob wir jetzt die Socken sortieren.

Wenn es unser Ziel ist, mehr Obst zu essen, kann eine große Schale gefüllt mit Orangen, Bananen, Kiwis und Äpfeln ein schöner Anblick sein und uns gleichzeitig helfen, die Gewohnheit zu etablieren. Im Vorbeigehen wird der Auslösereiz eng mit der gewünschten Gewohnheit verbunden, und je leckerer die Früchte aussehen, desto verlockender sind sie für uns.

Dies lässt sich auf nahezu jede neue Gewohnheit übertragen, die Sie bilden wollen: Lassen Sie die Auslösereize sinnlich, sichtbar und groß werden. So setzen Sie Reize für Ihre innere Aufmerksamkeit: Die Yogamatte ist nicht im Schrank aufgeräumt, sondern offen sichtbar. Das wirkt. In jede Richtung. Je größer der Flachbildschirm, desto stärker der Reiz für Ihr Gehirn. Wenn Sie also Ihren Fernsehkonsum erhöhen wollen, dann machen Sie auch diesen Reiz möglichst groß und in jedem Zimmer verfügbar. Die Fernbedienung liegt offen auf dem Tisch, sofort einschaltbereit, in Sekunden kann die Dauerberieselung beginnen. Jedes technische

Gerät hat diesen sinnlichen Aufforderungscharakter. Viele Geräte werden deshalb immer ansprechender und schöner designed. Manche Handys sehen sehr edel und kostbar aus. Wir haben das Gefühl, etwas sehr Wertvolles in der Hand zu haben. Sie wollen angefasst und bedient werden.

Überlegen Sie gut, welche Gewohnheitsbildung Sie wünschen. Je zentraler und besser sichtbar Sie etwas in Ihrem Leben platzieren, desto stärker gewohnheitsbildend ist es. In einem Hotel hatte mein Zimmer einen großen Flachbildschirm, an dem ständig ein blaues Leuchtsignal blinkte. Irgendwann war ich genervt davon und hängte ein großes Handtuch darüber. In den folgenden Tagen bemerkte ich verwundert, dass ich ganz vergessen hatte, den Fernseher einzuschalten. Ich hatte ihn gar nicht mehr wahrgenommen, weil das große Hotelbadetuch darüberhing. Eine Verkehrsampel muss hell und bunt leuchten, damit wir wissen, ob wir fahren dürfen oder anhalten müssen.

Umwelt gestalten

Manchmal kommen Klienten zu mir und berichten, dass sie einfach vergessen haben, ihre neue wertgeschätzte Aktivität zu leben. Meistens liegt es nicht daran, dass keine Motivation da war. Aber sie haben die Umweltkontrolle nicht genutzt. Sie haben sich keine auslösenden Reize gesetzt. Es gab sozusagen keinen Startschuss für das gewünschte Verhalten. Wenn wir dann gemeinsam solche Reize erarbeiten, klappt es meist mit der neuen Verhaltensweise.

Es ist gut, mit verschiedenen Hinweisreizen zu experimentieren, ob es ein gelber Post-it oder ein symbolischer Erinnerungsgegenstand im Flur ist, ein Eintrag im Kalender, ein Handysignal oder ein Gummiband am Handgelenk. Es kann auch die Erinnerung durch eine andere Person sein oder man absolviert den Anfang gleich gemeinsam mit Gleichgesinnten. Die Hauptsache ist, es funktioniert.

Wenn sich das Umfeld sowieso ändert

Einige Großstädte nutzen erfolgreich die Strategie, Anreize für neue Gewohnheiten zu schaffen. Sie haben Menschen, die in die Stadt umgezogen waren, beispielsweise ein vergünstigtes Jahresticket für die öffentlichen Verkehrsmittel oder sogar ein kostenloses Ticket angeboten. Wenn dann bei diesen Menschen erst mal die Gewohnheit etabliert war, Bus und Bahn zu nutzen, dann blieb das Auto auch langfristig häufiger stehen.

Äußere Veränderungen im Leben sind immer auch gute Gelegenheiten für die Etablierung neuer Gewohnheiten. Wenn Sie umziehen oder den Arbeitsplatz wechseln, fallen viele alte auslösende Reize weg, und die Tür ist weit offen für neue Reiz-Reaktions-Muster, die Sie nach Belieben etablieren können. Gestalten Sie die neue Wohnung so, dass es Ihnen leichtfällt, wertgeschätzte Gewohnheiten zu leben. Richten Sie sich den Arbeitsplatz so ein, dass die Arbeit dort leicht geht und Sie kaum etwas ablenken kann.

Große Veränderungen führen uns zuweilen auch in eine Klinik, eine Reha oder Kur. Oft fällt es uns vor Ort dort leicht, Bewegungs- oder Entspannungsgewohnheiten aufzubauen, aber sobald wir wieder zu Hause sind, wirken die alten auslösenden Reize. Viele meiner Klienten berichten von diesem Dilemma: In der gewohnten Umwelt tauchen nach einem Klinikaufenthalt auch wieder die gewohnten Reize auf. Deshalb ist es wichtig, das neu Gelernte mit Reizen zu verbinden, die im Alltag vorkommen. Dies kann zum Beispiel eine Achtsamkeits-CD vermitteln, die an die gelernten Übungen erinnert. Es kann auch hilfreich sein, mit dem Partner oder der Familie zu besprechen, welche Gewohnheiten aus der Klinik im Alltag weitergeführt werden sollten – man könnte gemeinsam ins Fitnessstudio gehen oder einen Paarabend pro Woche einführen, an dem etwas Schönes unternommen wird. Auch im Alltag können wir uns die räumlichen und sozialen Umwelten schaffen, in denen sich die guten Gewohnheiten pflegen lassen. Es kann auch hilfreich sein, ambulante Hilfen wie beispielsweise Psychotherapie, Selbsthilfegruppe, Physiotherapie oder Ergotherapie zu nutzen, um das Gelernte im Alltag zu verstetigen.

Soziale Unterstützung nutzen

Für mich war es sehr hilfreich, mit meiner Frau zu verabreden, dass wir beide nach 18 Uhr nur noch Obst und Gemüsebrühe zu uns nehmen wollen. Das soziale Commitment hat eine Verbindlichkeit, man unterstützt sich gegenseitig. Wenn Sie ein Verhalten stärken und anstreben wollen, reden Sie mit anderen darüber, das macht es für Sie selbst verbindlicher, und aus dem Gespräch entstehen oft konkrete Anregungen.

Immer ist es für den Aufbau von wertgeschätzten Gewohnheiten gut, Gleichgesinnte zu suchen. Wenn Sie ein guter Fußballer werden wollen, umgeben Sie sich mit Menschen, die dasselbe Ziel verfolgen oder Sie darin unterstützen. Wenn Sie Yoga in Ihren Alltag integrieren wollen, dann gehen Sie in eine Yogagruppe. Die Gruppe wirkt, aber auch gute Lehrer fungieren als Vorbilder und geben uns den Anstoß, genauso praktizieren zu wollen. Das gewünschte Verhalten wird zum Selbstverständnis und bekommt eine zusätzliche soziale Wichtigkeit. Wir sind Herdentiere und sehr beeinflussbar durch die Gruppe, der wir uns zugehörig fühlen. Religiöse Gemeinschaften haben diese Wirkung sehr früh erkannt und genutzt, um gewohnheitsbildend zu wirken. Immer ist es besonders wichtig, soziale Gruppen und Vorbilder zu wählen, die mit Ihren Werten und Vorstellungen in Einklang stehen.

Exzessive Gewohnheiten stoppen

Bis Mitte der 1990er-Jahre war in allen Kliniken das Rauchen erlaubt. In vielen Büros, auf den Gängen und Fluren wurde gequalmt, selbst in den Kantinen und manchen Patientenzimmern war es gestattet. In vielen Teams hat die Mehrzahl der Mitarbeiter geraucht, sodass der Qualm auch bei manchen Besprechungen dazugehörte. Es war eine Gewohnheit.

Aus heutiger Sicht ist dies unvorstellbar. Auch die Vorstellung, dass in Restaurants selbstverständlich geraucht werden durfte, während andere ihr Essen verspeisen, erscheint heute undenkbar. Das Schaffen von rauchfreien Zonen hat dazu geführt, dass diese Umgebungen keine Auslösereize für das Rauchen mehr darstellen. An dieser Stelle wird auch deutlich, wie erfolgreich negative Gewohnheiten gelenkt werden können, wenn an den auslösenden Reizen angesetzt wird. Hinzu kommt natürlich auch, dass ein sozialer Druck geschaffen wurde. Hätte man damals mit Selbstverpflichtungen gearbeitet, sodass jede Klinik, jedes Restaurant selbst entscheiden könnte, wäre es vermutlich einfach bei der althergebrachten Gewohnheit geblieben.

Reize verschwinden lassen oder schwer zugänglich machen

Manfred ärgerte sich über den Fernsehkonsum seiner Söhne. Eines Tages räumte er den neuen Fernseher aus dem Wohnzimmer in den Keller und stellte einen uralten Fernseher auf, den er auf dem Sperrmüll gefunden hatte. Dieser Fernseher hatte noch Druckknöpfe, keine Fernbedienung, und es waren nur wenige Programme verfügbar. Seine Kinder waren total erstaunt über das alte Gerät, ihnen kam es vor wie aus der Steinzeit oder dem Postkutschen-Zeitalter. Um wie viel attraktiver waren doch der große Farbbildschirm, die Fernbedienung, die vielen Programme und die Möglichkeit, nahezu alles zu jeder Zeit speichern und abrufen zu können!

Wenn die auslösenden Reize unattraktiv werden, dann können Gewohnheiten gestoppt werden. Manfred vereinbarte mit seinen Söhnen, dass der neue Bildschirm im Keller gelagert wird. Er darf weiter genutzt werden, muss aber dann immer erst aufgebaut und danach wieder abgebaut werden. Damit verschwand einerseits der auslösende Reiz aus dem Wohnzimmer und andererseits war ein gewisser Aufwand damit verbunden fernzusehen. Dadurch schlief das Interesse am Fernsehen schnell ein. Das Gerät wurde nur noch bei besonderen Anlässen wie WM-Spielen oder interessanten Spielfilmen genutzt. Es gingen dem jedoch jeweils eine Diskussion und eine bewusste Entscheidung voraus.

Spiele auf PC und Handy sind sehr verführerisch. Wenn der Button gut sichtbar auf dem Display ist, dann ist der Auslösereiz stark und zieht sehr wahrscheinlich das entsprechende Verhalten nach sich. Wenn das Symbol vom Desktop verschwindet und der Zugang zum Programm Aufwand und Zeit benötigt, dann wird die Gewohnheit gestoppt. Immer dann, wenn es einen gewissen Aufwand bedeutet, bis das Spiel auf den Rechner geladen wird oder wieder neu ein Zugang oder Passwort generiert wurde, dann ist der Reiz für eine Weile verschwunden. Behelfen Sie sich mit solchen »Umständen«, wenn Sie lästige Gewohnheiten stoppen möchten. Umweltkontrolle bedeutet, dass wir lernen, Assoziationen zwischen unserem Verhalten und den Umständen, in denen das Verhalten stattfindet, herzustellen.

Exkurs: Für eine Politik der guten Gewohnheiten

Die Politik wendet sich oft durch Aufklärungs- und Informationskampagnen an die Bürger. In vielen Studien konnte aber belegt werden, dass beispielsweise Infokampagnen zu gesunder, nachhaltiger Ernährung keine längerfristigen Wirkungen zeigen. Die Angebote verschiedener Fast-Food-Ketten sind viel stärker gewohnheitsprägend.

Kampagnen gegen das Rauchen bewirken auch nichts. Jeder Raucher weiß, dass es ungesund ist, was er da tut. Informationen ändern nicht unsere tief sitzenden Gewohnheiten. Sobald die Politik aber direkt Bezug nimmt auf die Umwelten der Menschen und die Verhaltensauslöser, hat dies eine gewohnheitsverändernde Wirkung. Das beste Beispiel ist das schon erwähnte Rauchverbot in öffentlichen Einrichtungen, das zu einer deutlichen Reduktion des Rauchens geführt hat.

In London wurde eine Gebühr für Autofahrer erhoben, die an Werktagen in die Innenstadt fuhren. Diese erhöhten Kosten haben sehr schnell und signifikant den Autoverkehr reduziert – die Menschen sind auf Bus, Bahn und Taxi umgestiegen.

Sobald direkt an den Umwelten angesetzt wird, werden Gewohnheiten wirkungsvoll unterbrochen. Die auslösende Bedingung wird verändert. Wenn keine Plastikstrohhalme mehr angeboten werden, können sie auch nicht weggeworfen werden. Wenn nur noch recycelbares Plastik oder Packpapiertüten am Obststand zur Verfügung stehen würden, dann kämen viel weniger Plastiktüten in den Umlauf. Sobald ein Flugticket deutlich teurer ist als ein Bahnticket, hat dies eine sehr rasche Lenkungswirkung, da für die meisten Menschen die Reiseplanung eine ökonomische Entscheidung ist.

Politik kann durch Gesetzgebung, die Erhebung von Steuern und die Gestaltung von Umwelten direkt Gewohnheiten beeinflussen und lenken. Deshalb fordern Verbände wie beispielsweise die Deutsche Krebshilfe, dass die Tabaksteuer erhöht und Tabakwerbung komplett verboten wird. Beides ist in verschiedenen europäischen Nachbarländern bereits umgesetzt.

Ähnlich beim Alkohol. Deutschland ist in Europa unter den Top Ten beim Alkoholkonsum – dabei ließe sich hier auch viel machen, um die Zahlen zu reduzieren. Andere Länder machen es vor wie durch eine Erhöhung der Alkoholsteuer, Werbeverbot und eine Beschränkung der Verfügbarkeit. Es gibt viele kleine Veränderungen, an denen angesetzt werden könnte. Wie wäre es beispielsweise, wenn alkoholische Getränke nur noch im Getränkemarkt gekauft werden könnten und nicht in jedem Supermarkt? Diese Umweltveränderung würde viel verändern.

Viele Politiker sprechen von freiwilliger Selbstverpflichtung. Doch die wird nie tief sitzende, automatisierte Gewohnheiten verändern. In vielerlei Hinsicht könnte uns die Politik helfen, unsere ungesunden Gewohnheiten abzulegen und günstigere Routinen zu entwickeln. An verschiedenen Stellen wünsche ich mir viel mehr Rückenwind von politischer Seite und eine überlegte »Politik der Gewohnheiten«. In vielen europäischen Ländern werden Gewohnheiten viel systematischer durch Umweltanreize oder Umwelthürden geprägt. Verhaltenssüchte, Fehlernährung, Einkaufsverhalten, Nutzung von Verkehrsmitteln – überall hier ließe sich ansetzen. Es entstanden in den letzten Jahren neue Formen von Erkrankungen, die durch unseren Lebensstil in einer konsumorientierten Leistungsgesellschaft verursacht werden. Die Politik hat sehr viel Einfluss auf unsere alltäglichen Gewohnheiten. In unserem Interesse sollte sie diesen Gestaltungsspielraum nutzen, um schädigende Gewohnheiten eindämmen zu helfen.

Micro-Habit-Schritt 4b: Routine aufbauen – Umweltkontrolle

Ganz praktisch

Welche Umweltreize können Sie groß und sichtbar machen, um eine positive Gewohnheit zu stärken? Das könnte zum Beispiel die gefüllte Obstschale sein, um die Gewohnheit, Obst zu essen, zu stärken. Oder das Musikinstrument, das deutlich sichtbar im Zimmer steht. Denken Sie immer daran, der auslösende Umweltreiz kann wie ein Startschuss für die gewünschte Reaktion wirken. Schaffen Sie Kontextbedingungen auch in Ihrem Büro oder Arbeitsraum, die das gewünschte Verhalten einfach machen.

Lassen Sie gleichzeitig Reize, die mit schädlichen, ablenkenden Gewohnheiten verbunden sind, verschwinden, räumen Sie den Flachbildschirm in die Schrankwand, die Süßigkeiten in den Keller, das Handy in einen anderen Raum und die X-Box in die Abstellkammer.

Übernehmen Sie selbst die Umweltkontrolle, und setzen Sie Reize, die Ihnen guttun. Bei exzessiven Gewohnheiten ist es besonders wichtig, die Auslöser zu kontrollieren und sich die Verfügbarkeit von Tabak, Alkohol oder PC-Spielen möglichst zu erschweren. Streuen Sie Sand in das Getriebe von schlechten Gewohnheiten.

Machen Sie es Ihrem Geist leicht, und gestalten Sie aktiv Ihre Umwelt, sodass die Reize groß und deutlich sind, die mit positiven Gewohnheiten verknüpft sind, und die Reize klein oder schwer zugänglich, die eine schlechte Gewohnheit fördern.

Micro-Habit-Schritt 4c: Routine aufbauen – Verhaltensplanung

Planen ist eine wirksame metakognitive Strategie. Wenn wir allerdings unseren Gewohnheiten nachgehen, spielt Planung keine Rolle. Wir folgen dem Fluss der auslösenden Reize und Handlungen, den gelernten Reiz-Reaktions-Ketten, ob diese uns in eine gute Richtung führen oder nicht. Diese Ketten folgen meistens dem geringsten Widerstand und der maximalen kurzfristigen Belohnung.

Durch Pläne aber können wir in unserem Gehirn bewusst Verbindungen herstellen zwischen unseren Werten/Zielen und den Reizen, den Schwierigkeiten, unserem Verhalten und den Belohnungen. Durch eine bewusste Verhaltensplanung können Sie diese Verbindungen jederzeit schaffen und so tief verankern, dass sie zu neuen wertgeschätzten Gewohnheiten führen. Je mehr Verbindungen Sie herstellen, und je häufiger Sie diese aktivieren, desto schneller bilden sich neue Gewohnheiten. Auf den folgenden Seiten können Sie einige wirksame Techniken kennenlernen, die gut untersucht und vielfältig einsetzbar sind.

Wenn-dann-Pläne

Als sehr wirkungsvoll haben sich sogenannte Wenn-dann-Pläne herausgestellt. Der Motivationsforscher Peter Gollwitzer konnte in vielen Studien nachweisen, dass Vorhaben besser eingehalten werden, wenn Menschen Absichten formulieren und konkrete Vorsätze oder Pläne machen, wann, wo und wie die Absicht in die Tat umgesetzt wird.[12] So stieg die Umsetzungsrate bei einer Studie zur Einhaltung eines Sportprogramms von 39 Prozent ohne konkreten Plan auf 91 Prozent mit Wenn-dann-Plan.

In verschiedenen Studien wurden mit den Teilnehmern Wenn-dann-Pläne erarbeitet: ein Wenn-dann-Plan für den Umgang mit Lampenfieber bei einem Tennismatch; konkrete Pläne für Teilnehmer, die unter Heißhungerattacken auf Fast Food litten; konkrete Umsetzungspläne mit drogenabhängigen Patienten, die einen Tagesbericht schreiben sollten; und Untersuchungen mit Teilnehmern, die ihre sportlichen Aktivitäten durch konkrete Ausführungsabsichten erhöhen wollten. Es gibt auch Anwendungen von Wenn-dann-Plänen bei unterschiedlichen Störungen: Menschen mit ADHS, Angststörungen, Suchtstörungen und nach einer Hüft- oder Knieoperation konnten davon profitieren.

Es konnte in den Untersuchungen jeweils gezeigt werden: Wenn die Teilnehmer neben den Zielen auch noch eine konkrete Ausführungsabsicht formulieren, also einen Wenn-dann-Plan schmieden, dann erhöht sich sehr deutlich die Umsetzungsquote. Es hat sich auch gezeigt, dass durch solche Wenn-dann-Pläne längerfristige Gewohnheiten etabliert werden können.

Der Psychologieprofessor Peter Gollwitzer erklärt die Wirkung dieser Technik damit, dass ein Mensch mit einem Wenn-dann-Plan im Kopf eine Verbindung zwischen einem Auslöser, einer bestimmten Situation und einem konkreten gewünschten Verhalten herstellt. Sobald der Auslöser auftritt, kann er blitzschnell reagieren, er erkennt sofort die Gelegenheit und kann sein Verhalten in die Tat umsetzen. Er muss nicht mehr vorher überlegen, was zu tun ist, sondern ist schon vorbereitet. Die Handlung wird mit der Zeit automatisch und ist damit gewohnheitsbildend.

Diese Erklärung konnte von Neurowissenschaftlern bestätigt werden. Mit FMRT-Scans (funktionelle Magnetresonanztomografie) beobachteten sie, dass bei Handlungen, die von einem Wenn-dann-Plan gesteuert werden, gerade jene Gehirnarale anspringen, die für situativ gesteuertes Handeln zuständig sind. Diese Hirnareale kontrollieren auch das Gewohnheitshandeln.

Micro-Habit-Schritt 4c: Routine aufbauen – Verhaltensplanung

Wenn-dann-Pläne – darum geht's:

Wenn Sie eine Absicht in die Tat umsetzten wollen, dann nutzen Sie Wenn-dann-Pläne wie zum Beispiel:

- Wenn ich heute um 18.30 Uhr aufhöre zu arbeiten, dann spaziere ich zwanzig Minuten durch den Park und fahre erst dann nach Hause.
- Wenn sich heute eine Gelegenheit bietet, mit meinem Chef zu sprechen, dann vereinbare ich mit ihm einen Gesprächstermin.
- Wenn ich vor dem Kühlschrank stehe und Heißhunger habe, dann atme ich dreimal tief durch und greife zu den Reiswaffeln.
- Wenn es in einem Restaurant etwas Veganes gibt, dann nehme ich das.
- Wenn ich im Verkaufsgespräch unruhig und nervös werde, dann bitte ich um eine kurze Pause und gehe zur Toilette.
- Wenn es morgen früh nicht regnet, dann gehe ich joggen.

Das Wenn bezieht sich auf einen auslösenden Reiz, eine bestimmte Situation, eine Gelegenheit oder auch eine Schwierigkeit. Der Dann-Halbsatz enthält das gewünschte Verhalten oder das, was unternommen wird, wenn die Schwierigkeit auftritt. So ist die Verbindung zwischen wenn und dann sofort da und das Verhalten wird in die gewünschte Bahn gelenkt.

Einen starken Handlungsimpuls stoppen

Auch wenn der Impuls noch so stark sein mag – zur Zigarette zu greifen, sich den nächsten Drink einzugießen oder aufs Sofa statt auf den Crosstrainer zu gehen –, Sie können gegensteuern:

- Zuerst bemerken Sie das Craving und die innere Erregung und halten inne. Sie atmen mehrmals tief durch, verlassen wenn nötig oder möglich den Raum – Sie nehmen Abstand zum auslösenden Reiz.
- Nun folgt ein inneres Abwägen: »Wenn ich jetzt dem Impuls folge, welche Konsequenzen hat das dann für mich? Für andere? Und wenn ich dem Impuls nicht folge und stattdessen XY tue, welche Konsequenzen hat das dann für mich? Für andere?«
- Fragen Sie sich: »Was ist mir wertvoll und wichtig in dieser Situation? Wenn ich jetzt nachgebe, gefährde ich dann ein langfristiges Ziel?«
- Welche Wenn-dann-Pläne haben Sie für diese Situation oder könnten Sie für eine solche Situation etablieren?
- Nun treffen Sie eine Entscheidung und handeln bewusst. Selbst wenn Sie dem Reiz doch nachgeben sollten, hat sich etwas in Ihnen verändert. Sie lernen, Abstand zu schaffen und selbst zu bestimmen, was Sie tun.

Innere Monologe

Es ist sehr hilfreich, Wenn-dann-Pläne aufzuschreiben. Außerdem können Sie diese Sätze immer wieder sich selbst vorsagen und sich vorstellen, was Sie tun, wenn der Auslöser auftritt. Das kann verstärkt und vertieft werden, indem Sie den Plan im Wenn-Fall innerlich aussprechen. Zum Beispiel: »Jetzt habe ich Feierabend, dann kann ich die Gelegenheit nutzen und zum Laufen gehen. Die Laufschuhe stehen schon an der Tür und warten.« Innerlich sehen Sie auch genau, wo die Schuhe stehen. Oder: »Wenn wir jetzt Abendessen machen, dann bereite ich mir für den Nachtisch einen Früchteteller vor.«

Innere Monologe können helfen, das Verhalten in die gewünschte Richtung zu lenken. Und sie können ungünstiges Verhalten stoppen: »Wenn ich mich dabei ertappe, dass ich wieder ein YouTube-Video nach dem anderen ansehe, dann schließe ich die Augen, erinnere mich daran, was mir wirklich wichtig ist und wie schlecht ich mich danach fühle. Und dann stehe ich auf und räume in der Küche auf.«

Inneres Sprechen hilft uns, unsere Aufmerksamkeit darauf zu fokussieren, welche Handlung wir jetzt umsetzen wollen. Damit wird für einen Moment der automatische Fluss der Gewohnheit unterbrochen und wir lenken unser Handeln um. Der kanadische Psychologe Donald Meichenbaum hat diese Methode untersucht und vielfältige Anwendungsmöglichkeiten aufgezeigt. Wenn wir mit uns selbst sprechen, hilft uns das, unsere Aufmerksamkeit zu schärfen, und wir können sehr bewusst begleiten, ob unsere Handlungen wirkungsvoll sind oder nicht. Durch die passende Selbstverbalisation können Sie auch Handlungen unterbrechen: »Stopp. Ich habe wieder zur Zigarette gegriffen, also zahle ich jetzt fünf Euro in die Urlaubskasse ein.«

Wenn wir mit uns selbst sprechen, sollten wir möglichst wenig bewerten. Bei starken Bewertungen meldet sich unsere innere kritische Stimme und das macht es dann meist schwierig. Das Wirkungsvolle an den Wenn-dann-Plänen ist ja auch, dass sie weitgehend ohne Bewertungen funktionieren. Wir müssen uns nicht schlecht machen – wir tun einfach in jedem Moment unser Bestes.

Wenn-dann-Pläne und Selbstverbalisation haben eine stark aufmerksamkeitsfördernde Wirkung. Sie heben hervor, was geschieht und was gemacht werden sollte. Sie machen deutlich, welche Priorität jetzt im Umgang mit dieser Schwierigkeit dran ist: »Oh, ich war in Gedanken. Wenn ich beim Vokabelnlernen abwandere, dann lenke ich die Aufmerksamkeit zurück zu dem Wort, bei dem ich gerade bin, und sage es mir laut vor.«

Klappt das gut, können Sie sich selbst die Rückmeldung geben: »Aha, das hat funktioniert, das war wirkungsvoll.« Sie bemerken und verbalisieren das positive Ergebnis, wenn Sie einen Wenn-dann-Plan umgesetzt haben.

Es ernst meinen

Jeder Plan ist geduldig, und ein Blatt Papier kann schnell zum Papiertiger werden, wenn wir es nicht ernst meinen. Die Akzeptanz- und Commitmenttherapie (ACT) trägt das Wort Commitment im Namen. Das meint das innere Sichfestlegen auf eine Handlung, um ein bestimmtes Ziel oder einen Wert anzustreben. Commitment ist engagiertes Handeln, es bedeutet, eine innere Entscheidung für ein Verhalten und gegen eine alte Gewohnheit zu treffen. Es hat etwas mit Entschlossenheit zu tun. »Ich gehe den Weg, auch wenn es schwierig und anstrengend ist.« Sollten Schwierigkeiten auftreten, bleibt die Entschlossenheit, weiter die Energie für das aufzubringen, was jetzt wichtig ist. Es ist wie eine Selbstverpflichtung zu dem, was uns wichtig ist. In guten wie in schlechten Zeiten.

Die Führung übernehmen

Die Veränderung einer Gewohnheit ist manchmal wie ein Sprung ins kalte Wasser. Es ist der Sprung in etwas Neues, Ungewohntes. Wenn wir etwas immer auf eine bestimmte Weise getan haben und es plötzlich anders machen, erfordert das manchmal Mut und die Entschlossenheit, hineinzuspringen in die Erfahrung. Hinein in die Richtung, die uns wichtig ist, aber vielleicht auch Angst macht.

Wie bei Sven. Der hatte sein Studium abgeschlossen und war sehr froh, endlich die lästigen Prüfungen hinter sich zu haben.

Einerseits freute er sich darauf, endlich als Ingenieur zu arbeiten, andererseits hatte er großen Respekt und starke Unsicherheit wegen der anstehenden Bewerbungsgespräche. Am liebsten hätte er einfach immer weiterstudiert. Da war ihm alles vertraut. Was jetzt vor ihm stand, war neu und ungewohnt. Ihm half es, sich jedes Bewerbungsgespräch wie einen Sprung in eine Erfahrung hinein vorzustellen, die mit seinen weiteren Zielen verbunden war.

Einfach springen

Im vergangenen Sommer verbrachte ich mit meinen Kindern und Freunden viel Zeit im Schwimmbad. Die Kinder hatten Riesenspaß dabei, von den Sprungbrettern zu springen, dem Einer, Dreier und Fünfer. Ich schaute begeistert zu und dachte: Na ja, so als alter Kracher da mitspringen, das wäre vielleicht komisch. Bis ein Freund damit anfing, auch vom Sprungbrett zu springen. Das war ansteckend. Ich begann erst mal mit dem Einer. Mein letzter Sprung lag sicher Jahrzehnte zurück. Erst war ich vorsichtig, dann wurde ich mutiger. Als ich die ersten komischen Gefühle überwunden hatte, versuchte ich einen Salto, es wurde aber eher ein Rückenklatscher. Der Freund ging auf das Dreier und dann zum Fünfer. Die komischen Gefühle waren wieder da. Soll ich das auch wagen? Ich stieg auf das Dreier. Ganz schön hoch. Mit weichen Knien sprang ich … und wagte mich auch auf das Fünfer. Zum Glück war wenig los. Ich setzte mich einfach auf den Sprungturm und schaute mir das Schwimmbad von oben an. Dieses komische Gefühl war einem tollen Gefühl gewichen. Ich war einfach stolz darauf, den Spaß am Springen wiederentdeckt zu haben. Es war überhaupt nicht komisch und ich fühlte mich viel jünger. Wenn ich seither in Schwimmbäder gehe, schaue ich immer, ob die Sprungbretter gerade geöffnet sind.

Wenn Sie sich in eine neue Handlung hineinwagen, die für Ihren Lebensweg wichtig ist, dann kann dieser Sprung gut vorbereitet und geplant werden. Sie können die Höhe des Sprungturms festlegen und Hilfsmittel nutzen. Ich begann mit dem Einer und ging dann Schritt für Schritt höher. Beginnen Sie also mit kleinen Schritten und Teilzielen. Ein Kollege von mir wollte zum Beispiel wieder regelmäßig zum Laufen gehen. Er setzte sich das Ziel: »Ich werde pro Woche dreimal zum Laufen gehen und jedes Mal kann es etwas kürzer sein als das letzte Mal.« Wenn er sich nach der Arbeit müde fühlte, dann lief er einfach nur um den Block. Für ihn war die Hauptsache, dass er die Schuhe anzog und den inneren Schweinehund überwand. Inzwischen ist das Laufen wieder ein selbstverständlicher Teil seines Alltags geworden. Wenn er nicht zum Laufen kommt, vermisst er es wie das morgendliche Zähneputzen.

Die Schwierigkeitstreppe

Vielen Klienten, die neue Verhaltensgewohnheiten ausprobieren wollen oder lange etwas vermieden haben, rate ich, ganz leicht zu beginnen und sich dann schrittweise an schwierigere Aufgaben heranzuwagen. Der Einstieg sollte maximal leicht sein. Nach den ersten Erfolgserlebnissen kann die Schwierigkeit ansteigen.

Sonja zum Beispiel ist eher schüchtern und traut sich nicht so recht, vor fremden Menschen zu sprechen. In Teambesprechungen ärgert sie sich oft nachträglich, dass es ihr nicht gelungen ist, den Mund aufzumachen. Sie hat sich vorgenommen, in verschiedenen sozialen Situationen mehr zu sagen. Ihr hat dabei die Schwierigkeitstreppe geholfen:

Stufe für Stufe übt Sonja, sich den Situationen zu stellen. Dabei treten oft Unsicherheiten und Ängste auf, doch sie ist innerlich bereit für das Herzklopfen und die feuchten Hände. Wenn sie eine der Stufen gemeistert hat, fühlt sie sich stolz und etwas freier. Sonja nutzt inzwischen jede Gelegenheit. Sie hat sich einen Wenn-dann-Plan festgelegt: »Wenn sich eine Situation bietet, dann sage ich etwas, egal ob es wichtig oder unwichtig ist. Die anderen reden auch oft unnützes Zeug.«

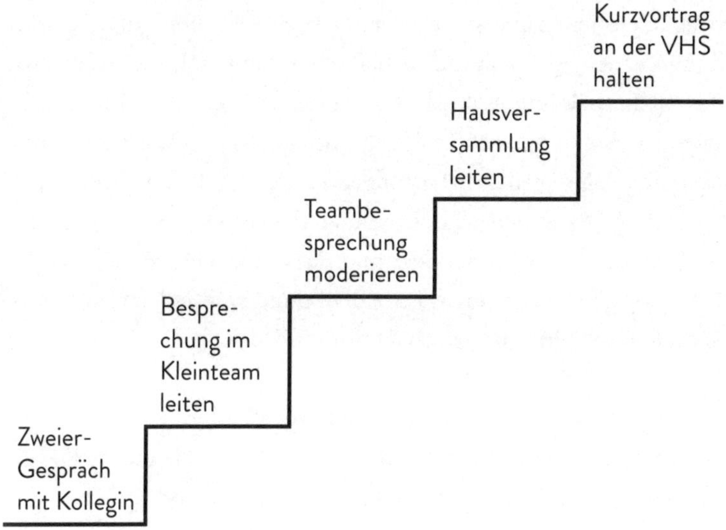

Diese Stufenleiter eignet sich sehr gut zur Annäherung an ungewohnte Situationen und das Ablegen von Vermeidungsgewohnheiten. Bei Süchten hingegen ist das stufenweise Vorgehen weniger geeignet.

Die Verabredung mit dem Schrecken

Wenn sich Sonja Schritt für Schritt den einzelnen Gesprächssituationen stellt, ist das wie eine Verabredung mit dem Schrecken. In ihr wird jedes Mal eine Kette von unangenehmen Gefühlen ausgelöst. Sie fühlt sich zunächst unsicher, körperliche Stresssignale zeigen sich, in der Situation hat sie Angst, sie schämt sich – und wagt es trotzdem. Indem sie sich der Angst und der Scham stellt, bricht sie mit der Vermeidungsgewohnheit, und genau da beginnt der Weg in die innere und äußere Freiheit. Sie ist bereit, sich mit festem Blick der Angst zu stellen.

Verhaltenstherapeuten sprechen von Exposition: sich der Erfahrung offen stellen und sie tolerieren lernen. Das führt zur Überwindung der Angst. Sonja macht bei jedem Gespräch die Erfahrung, dass nichts Schlimmes passiert. Dass es ihre Kolleginnen sogar sehr schätzen, wenn sie sich einbringt. Sie sind interessiert an Sonjas Meinung. Diese neuen Erfahrungen zeigen ihr, dass die Angst kein guter Ratgeber ist und sie sich mehr an dem orientieren will, was ihr wichtig ist. Ob mit Angst oder ohne, das ist Nebensache. Wichtig ist ihr, das sagen zu können, was sie denkt und empfindet, und sich zu verhalten wie ein vollwertiges Teammitglied.

Wiederholung → Veränderung → Automatisierung

Zwei Fliegen sind in einen Sahnetopf gefallen, beide nun in Gefahr zu ertrinken. Die eine ist völlig hoffnungslos und gibt auf. Die andere beginnt, wie wild zu strampeln und zu flattern. Da sagt die erste: »Spinnst du? Das hat doch so oder so keinen Zweck, wir werden ertrinken.« Doch die andere strampelt weiter und weiter … bis die flüssige Sahne langsam steif und fest wird, die Flügel wieder frei und trocken sind und sie davonfliegen kann.

Strampeln und immer weiterstrampeln, das führt zu Veränderungen. Unser Gehirn lernt bei jeder Handlung etwas dazu, und es lernt auch aus jedem Irrtum. Wir müssen oft erst herausfinden, was funktioniert und was nicht. Jeglicher Perfektionismus ist hinderlich und hält uns davon ab, zu handeln und etwas auszuprobieren.

Doch auf das Handeln kommt es an. Immer wieder neu. Wiederholungen bewirken in uns Bahnungsprozesse und das Flussbett der neuen Handlungsweise wird breiter. Gewohnheiten bilden sich vor allem durch die Häufigkeit der Wiederholung. Deshalb gilt an dieser Stelle: Quantität vor Qualität.

Bei häufiger Wiederholung benötigen wir immer weniger bewusste Energie, denn irgendwann übernimmt – genau: die Gewohnheit. Sozialpsychologische Studien haben gezeigt, dass sich ein Verhalten im Durchschnitt nach sechsundsechzig Tagen automatisiert. Das konnte bei Trink-, Ess- und Bewegungsgewohnheiten festgestellt werden. Mit jedem Mal wird es leichter. Die Handlungen laufen bald automatisch ab, so wie beim Duschen. Sie könnten vermutlich nicht genau sagen, in welcher Reihenfolge Sie Ihren Körper einseifen und dann abduschen. Das wissen inzwischen Ihre Hände. Und ähnlich können Ihre wertgeschätzten Aktivitäten automatisiert ablaufen, sodass dafür kaum noch Energie erforderlich ist. Parallel erleben wir es als zufriedenstellend und sogar freudvoll, wenn wir die Dinge, die uns wichtig sind, auch tatsächlich regelmäßig und mit Leichtigkeit tun.

Leistungssportler wissen sehr gut, wie wichtig Wiederholungen sind. Der Trainer Andreas Stäbler spricht von »Tausenden«, die für den Erfolg nötig sind. Im Training gehe es um »wiederholen, wiederholen, wiederholen, sodass die komplette Motorik verinnerlicht wird und der Körper weiß, was er tun muss, und diese Abläufe in Wettkampfsituationen automatisiert abgerufen werden können. Im Wiederholen werden die Techniken verfeinert und nochmals verfeinert.«

Impulsive Gewohnheiten stoppen

Nun geht es aber nicht nur darum, neue Gewohnheiten zu etablieren, sondern auch darum, schädliche Muster loszuwerden. Dabei ist es wichtig, sich innerlich gut vorzubereiten, da impulsive Gewohnheiten wie Heißhungerfuttern, Herumschreien oder Türenknallen oft sehr schnell die Oberhand gewinnen. Für diese heißen Impulse ist es wichtig, Stopps einzubauen: Wenn Heißhunger auftaucht, dann erst Mal die Küche verlassen und kaltes Wasser ins Gesicht spritzen.

Es gibt zahllose Möglichkeiten, Handlungsimpulse zu stoppen und erst mal für eine Abkühlung des heiß gelaufenen Systems zu sorgen:

- räumlich Abstand nehmen von den auslösenden Reizen
- Zimmer verlassen, an die frische Luft gehen
- körperliche Bewegungen wie Treppensteigen, Fitnessübungen, schnelles Gehen
- kaltes Wasser auf Unterarme und Gesicht gießen, unter die Dusche gehen
- Denksportaufgaben wie Sudoku, Kreuzworträtsel oder Rechenaufgaben lösen
- Aufmerksamkeit auf eine gewohnte Tätigkeit lenken wie Sockenstricken, Gartenarbeit, Buchlesen.

Eine konkurrierende Köperhaltung oder Handlung lernen

Diese Methode wird häufig bei impulsiven Gewohnheiten eingesetzt. Der Trick besteht darin, beim Drang nach der alten Gewohnheit eine Bewegung auszuführen, die das Verhalten unmöglich macht. Sobald der innere Drang da ist, zur Schokolade zu greifen oder zum x-ten Mal das Handy zu checken, setzen Sie sich zum Beispiel auf Ihre Hände oder halten Sie sich mit beiden Händen an der Stuhllehne fest. Eine Klientin hat mit verschiedenen Bewegungen experimentiert, ihr hat geholfen, die Arme vor der Brust zu überkreuzen und sich leicht zu umarmen. Damit war für sie ein freundliches Gefühl verbunden, das den Craving-Impuls unterbrach. Ein anderer Klient hat es als hilfreich erlebt, die Fingerkuppen beider Hände zusammenzubringen, sodass zwischen Daumen und Zeigefinger ein Dreieck entstand. Ihn brachte das in eine konzentrierte Haltung, die ihm eine bewusste Entscheidung ermöglichte.

Die konkurrierende Handlung kann vor, während oder auch zum Abschluss einer impulsiven Handlung erfolgen. Ja, auch danach hilft es noch – Sie bringen zumindest Bewusstsein in die

Sache und gewöhnen sich an die konkurrierende Haltung. Für mich ist es zur Gewohnheit geworden, mir die linke Hand einfach auf den Bauch zu legen. Das bringt mich wieder zurück zum Atem und erzeugt ein kurzes Innehalten.

Micro-Habit-Schritt 4c: Routine aufbauen – Verhaltensplanung

Wenn-dann-Pläne gegen schädliche Gewohnheiten:

Vielleicht haben Sie bereits Wenn-dann-Pläne für neue Gewohnheiten ausprobiert. Hier möchte ich Sie speziell anregen, alte, schwierige oder impulsive Gewohnheiten aus Ihrem Leben verschwinden zu lassen. Formulieren Sie dafür Wenn-dann-Pläne, die für Sie passen, zum Beispiel:

- »Wenn ich zur Zigarette greifen will, dann … «
- »Wenn ich im Bäcker an der Kuchenauslage stehe, dann … «
- »Wenn ich merke, wie die Wut in mir aufsteigt, dann … «

Nehmen Sie konkurrierende Handlungen mit hinein.

Sie können auch für auftretende Schwierigkeiten einen Wenn-dann-Plan formulieren.

- »Wenn ich morgens nicht aus dem Bett will, dann rolle ich mich zumindest mit der Decke auf den Boden vorm Bett und liege schon mal dort.«
- »Wenn mich wieder ein Kollege darum bittet, einen Dienst zu übernehmen, dann sage ich, dass ich erst in meinen Terminkalender schauen und zurückrufen werde. Ich erinnere ich mich daran, dass ich öfter Nein sagen möchte, und überlege mir in Ruhe die jetzt passende Antwort.«

Aussteigen aus negativen Denkgewohnheiten

Gewohnheiten zeigen sich nicht nur im Handeln, sondern auch im Denken – was dann natürlich entsprechende Handlungen nach sich zieht. Deswegen ist es wichtig, auch das Denken unter die Lupe zu nehmen, wenn man dabei ist, seine Micro Habits zu verbessern. Aus der Arbeit mit Klienten kenne ich vor allem zwei gedankliche Gewohnheiten, die uns das Leben schwermachen: Grübeln und sorgenvolles Denken.

Beim Grübeln sind wir meistens mit der Vergangenheit beschäftig, mit Missgeschicken, Fehlleistungen oder Versäumnissen. Wir stellen uns vielleicht die Frage, warum bei uns »immer alles schiefläuft«. Warum hat ausgerecht uns die Freundin oder der Freund verlassen? Warum haben immer wir die schwierigen Chefs? Wenn wir solchen Fragen nachgehen, landen wir in Endlosschleifen, und die Stimmung wird immer schlechter. Untersuchungen haben gezeigt, dass diese Art zu denken häufig der Auslöser für depressive Krisen ist.

Sorgen andererseits kreisen meistens um die Zukunft. Wir stellen uns dann vor, dass wir vielleicht an einer schlimmen Krankheit leiden, unsere Kinder keinen Beruf finden, wir den Arbeitsplatz verlieren, oder wir malen uns sonstige Katastrophen aus. Die Mücke wird zum Elefanten, obwohl real in der Gegenwart eigentlich keine Gefahr besteht. Mark Twain formulierte einmal sinngemäß: Mein Leben bestand aus lauter Missgeschicken, von denen die meisten nie eintraten.

Beide Denkgewohnheiten schaden uns mehr, als sie uns nützen. Deshalb lohnt es sich, diese Denkweisen ähnlich zu behandeln wie andere Gewohnheitsmuster, beispielsweise wie schlechte Essgewohnheiten. Der Unterschied besteht nur darin, dass wir unser Denken nicht sehen können, wenn wir uns hingegen das zweite Stück Kuchen auf den Teller laden, ist das gut sichtbar.

Erinnern Sie sich noch an Andreas, mit dem ich diesen Teil des Buches begonnen hatte? Er hat jahrzehntelang viel gegrübelt. Vor allem morgens, wenn er noch stundenlang im Bett lag, oder nachmittags auf dem Sofa. Was ihm vor allem geholfen hat, aus dieser Gewohnheit herauszukommen, ist, dass er nach dem Unfall seiner Frau eine Aufgabe bekam, die er als wichtig und sinnvoll erachtete. Er steht seither morgens auf und macht nötige Arbeiten im Haushalt und im Garten. Er hat einen Wenn-dann-Plan für sich entwickelt: Sobald das Grübeln beginnt, dann ist es höchste Zeit aufzustehen, aktiv zu werden und etwas mit den Händen zu tun.

Wichtig ist, Grübeln und sorgenvolles Denken gleichermaßen zu bemerken und aus dem Automatismus auszusteigen. Schon das Bemerken schafft Abstand: »Aha, da sind wieder die Grübeleien.« Zum Innehalten und Abstandnehmen gibt es viele Techniken, hier ein paar Beispiele:

- Sorgen zählen: Führen Sie eine Strichliste – »Aha, gerade sorge ich mich zum fünfundzwanzigsten Mal um meine Gesundheit.«
- Sorgen oder Grübeleien als Signal wahrnehmen: Jetzt wird es Zeit, aktiv zu werden und etwas zu tun. Grübeln und Sorgen tauchen vor allem in Zeiten von Passivität und Langeweile auf. Lenken Sie die Aufmerksamkeit auf die Gartenarbeit oder ein Telefonat, automatisch hat Ihr Gehirn nicht mehr so viel Kapazität zum Grübeln.
- Sorgen und Grübelgedanken können Sie auch vorbeiziehen lassen wie Wolken oder Luftballons am Himmel.
- Sorgen aufschreiben: Formulieren Sie die Gedanken schriftlich.
- Auch sehr hilfreich: Sorgen- und Grübelzeiten festlegen. Zum Beispiel immer von 18.30 bis 19 Uhr dürfen alle schweren Gedanken da sein – dann setzen Sie sich hin und grübeln aktiv. Sie können auch die wiederkehrenden Gedanken aufschreiben.

Grübeln und Sorgen sind häufig mit starken und völlig überzogenen Bewertungen verbunden. Es ist wichtig, zu erkennen, dass diese

Bewertungen nicht den Fakten und der Realität entsprechen, sondern einfach nur eine negative Gewohnheit sind.

Positive Denkgewohnheiten entwickeln

Es lohnt sich, positive Denkgewohnheiten zu entwickeln, die wie nebenbei das Grübeln und Sorgen beenden. Dazu gehört lösungsorientiertes oder auch kreatives Denken. Diese Arten zu denken beschäftigen sich konkret mit den Lösungen von Schwierigkeiten und mit zielorientierten Handlungen. »Wenn ich vom Berliner Fernsehturm zum Wannsee fahren möchte, welche Verkehrsmittel bringen mich dann an mein Ziel?« »Wenn ich mich von meinen Nachbarn gestört fühle, wie kann ich wieder für mehr Ruhe im Haus sorgen?« Wenn wir so denken, dann kommen wir zu ganz konkreten Lösungen. (Genau! Eine weitere Wenn-dann-Formulierung.)

Eine weitere hilfreiche Denkgewohnheit ist die, mit positiven Unterstellungen zu arbeiten. Unterstellen Sie sich selbst und dem Leben, dass Sie alles tun können, was Ihnen wichtig ist. Glauben Sie daran, dass Sie Ihr Leben und Ihre Gewohnheiten in die richtige Richtung lenken können, trotz aller Schwierigkeiten und Hindernisse. Auch diese positive Grundannahme wirkt. Walt Disney sagte: »Denken Sie daran, alles begann mit einer Maus.«

Eine weitere hilfreiche Denkgewohnheit besteht darin, sich immer wieder daran zu erinnern: Gedanken und Bewertungen sind keine Fakten. In unserem Geist tauchen sehr schnell starke Bewertungen auf: Wenn die Bahn Verspätung hat, bewerten wir dies schnell als furchtbar oder sogar katastrophal. Starke Bewertungen lösen rasch eine Stressreaktion in uns aus. Zum Warten kommen dann noch der erhöhte Stress und der Gefühlscocktail aus Wut und Hilflosigkeit hinzu. Deshalb lohnt es sich, danach Ausschau zu halten, welche Bewertungen unser Geist gerade produziert.

Am anstrengendsten wird es, wenn wir die Gewohnheit haben, uns selbst zu bewerten, weil wir zum Beispiel unseren Schlüssel verlegt haben oder ein anderes Missgeschick passiert ist. Dann lohnt es sich, zu bemerken, welche Kommentare im eigenen Kopf ablaufen: »Du Idiot, wie kannst du dich nur so blöd anstellen!« »Das passiert auch nur dir.« Stellen Sie sich dann vor, was Ihre beste Freundin in diesem Moment zu Ihnen sagen würde. Vermutlich würde sie versuchen, sie freundlich bei der Suche zu unterstützen. Starke negative Selbstbewertungen greifen unser Selbstwertgefühl an. Deshalb denken Sie immer wieder daran: Ihre Bewertungen und Gedanken sind keine Fakten (mehr dazu beim Micro-Habit-Schritt 5).

Bewertungen sind häufig auch sehr pauschal und verallgemeinernd. So berichtet Sandra: »Heute habe ich nur Kunden gehabt, die unfreundlich und pampig waren.« Bei genauerem Nachfragen war es ein einziger Kunde, der eine Reklamation hatte, dafür aber dreißig weitere Kunden, die freundlich oder neutral reagierten. In solchen Momenten kann es hilfreich sein, zu fragen, was wirklich in der Situation passiert ist. Wenn eine Kamera das ganze Geschehen aufgenommen hätte, was wäre auf dem Video zu sehen? Es ist dieser Kameracheck, der uns die Sache etwas sachlicher und objektiver sehen lässt.

Micro-Habits-Schritt 4c: Routine aufbauen – Verhaltensplanung

Ganz praktisch:

Wenn Sie eine neue Gewohnheit etablieren wollen, schauen Sie genau hin. Suchen Sie sich Auslöser und Situationen, in denen die neue Handlung stattfinden soll.

Wenn Sie den Auslöser gefunden haben, überlegen Sie sich genau, was Sie dann tun werden. Formulieren Sie einen Wenn-dann-Plan wie: »Wenn ich nach Hause komme, dann gehe ich in den Garten und kümmere mich um die Pflanzen.«

Wenn Sie eine alte Gewohnheit ablegen wollen, finden Sie heraus, was der Auslöser für das Verhalten ist. Überlegen Sie sich dann genau, wie Sie sich zukünftig verhalten wollen. Formulieren Sie auch hier einen Wenn-dann-Plan, sodass eine neue Routine entstehen kann. Wenn Sie beispielsweise Ihre Trägheit überwinden und jeden Morgen etwas Gymnastik machen wollen, kann ein Wenn-dann-Plan wie folgt aussehen: »Wenn ich morgens von der Toilette komme, dann gehe ich gleich zu meiner Gymnastikmatte und beginne mit der ersten Übung.«

Micro-Habit-Schritt 4d: Routine aufbauen – werteorientierte Belohnungen

Gewohnheiten bilden sich dort, wo Verhalten belohnt wird und wo am besten ein unmittelbares Zufriedenheitsgefühl entsteht. Das gilt für Menschen und Tiere. Dieses System hat sich evolutionär ganz früh gebildet, bereits beim Fadenwurm wirkt es. Er kriecht durch die Gegend, und wenn er in die Nähe von Bakterien kommt, reagiert sein Belohnungssystem: Dopamin wird ausgeschüttet. Er bleibt in dem Gebiet, in dem er diese Lieblingsspeise seiner Art vorfindet. Beim Fadenwurm wirkt derselbe Mechanismus wie bei uns, wenn wir shoppen gehen oder hungrig in einer Bäckerei stehen und uns der Duft von frischen Brötchen in die Nase steigt. Die Evolution hat schon ganz früh mit dem Belohnungssystem begonnen.[13] Es ist für alle Lebewesen gut, sich dort aufzuhalten, wo es etwas zu essen,

Sicherheit und gute Gesellschaft gibt – genau das wird vom Gehirn belohnt. Und wir können diese grundlegende Tatsache nutzen, um wertgeschätzte Gewohnheiten zu etablieren.

Belohnungen können prinzipiell mit jeder Handlung verbunden werden. Der amerikanische Psychologe Edward Thorndike, einer der großen Pioniere der Lernpsychologie, konnte dies im Rahmen von Tierexperimenten zu instrumentellem Lernen zeigen: Wenn am Ende eine Belohnung wartet, dann wird der Weg, der zur Belohnung führt, gelernt. Ob sie einen bestimmten Hebel drücken oder durch Labyrinthe gehen mussten, schnell hatten die Tiere die erforderliche Handlung herausgefunden.

Mithilfe von Belohnungen können auch anfänglich anstrengende und zunächst langweilig erscheinende Handlungen gelernt werden. Wie aber kann dies gelingen bei Tätigkeiten, die keinen sofortigen Belohnungscharakter haben? Klavier üben, Englischvokabeln lernen oder Rückengymnastik ausführen – das fühlt sich anfangs oft überhaupt nicht belohnend an, im Gegenteil, es ist sogar anstrengend. Hier ist unsere Kreativität gefragt. Wir müssen es schaffen, dass die Tätigkeiten, die wir uns zur Gewohnheit machen wollen, genussvoll werden. Dass wir vielleicht sogar Spaß daran entwickeln. Das schönste Beispiel dafür ist für mich Tom Sawyer aus dem Jugendbuch von Mark Twain. Dem Jungen gelang es, sich aus dem langweiligen Zaunstreichen, das er zur Strafe am Sonntagnachmittag machen musste, einen Riesenspaß zu machen. Er redete sich und seinen Freunden nämlich ein, dass es das Größte überhaupt und etwas ganz Besonderes sei, bei Sonnenschein einen Zaun zu streichen. Plötzlich wollten alle Freunde auch streichen, sie waren neidisch auf Tom. Ihm gelang es, die Negativität umzudrehen und aus der Strafaktion etwas sehr Attraktives und Belohnendes zu machen.

Ein anderes Beispiel für den Einsatz von Belohnungen, das derzeit vor unseren Augen und im Verborgenen in den Zimmern unserer Kinder abläuft, ist vermutlich das größte Life-Experiment mit Belohnungen aller Zeiten. Ich spreche von Onlinespielen und Social Media, die mit ausgefeilten Belohnungssystemen arbeiten. Gezielt werden hierbei kleinere und größere Belohnungen ausgesetzt – was dazu führte, dass viele Menschen innerhalb kürzester Zeit regelrecht süchtig wurden. Die Weltgesundheitsorganisation (WHO) hat für dieses Phänomen eine neue Störung definiert: Internet Gaming Disorder (IGD). Jungen und Männer scheinen von der Spielsucht etwas mehr betroffen zu sein. Man geht davon aus, dass jeder Zwölfte der Zwölf- bis Fünfundzwanzigjährigen Suchtverhalten zeigt. Für Mädchen wird exzessives Verhalten eher im Bereich Social Media festgestellt. Was anfangs eine coole Parallelwelt darstellt, kann genauso in die Sucht führen wie Alkohol, Kokain oder Cannabis. Bei der IGD sind dieselben suchtspezifischen Charakteristika zu beobachten wie bei anderen Süchten: Entzugssymptome wie Nervosität und Depression, körperliche Beschwerden, Vernachlässigung des Alltags und so weiter. Bei Kindern und Jugendlichen wirken die Belohnungen oft noch viel stärker und schneller süchtig machend als bei Erwachsenen. Ich glaube, es lohnt sich, diese Phänomene bei sich selbst und in der eigenen Familie genau zu beobachten und früh zu entdecken: Wann beginnt sich eine exzessive Gewohnheit zu etablieren? In diesem Bereich finde ich es besonders wichtig, das richtige Maß zu finden, da Kompetenzen im Umgang mit Medien Schlüsselfähigkeiten darstellen und uns vieles im Leben erleichtern.

Es geht weder darum, die Technik zu verteufeln, noch in eine naive Technikgläubigkeit zu verfallen und die realen Folgen zu ignorieren. Es ist in unseren Köpfen angekommen, dass wir alkoholkrank werden können, und genauso können wir computer- oder handykrank werden. Das ist in unserem Bewusstsein aber noch nicht angekommen. Ambulante und stationäre Maßnahmen schießen bundesweit wie Pilze aus dem Boden, weil der Bedarf für diese

Erkrankungsformen immer größer wird. Es sollte das Ziel sein, auch in diesem Lebensbereich langfristig gesunde Gewohnheiten zu etablieren und zu lernen, die Technik zu unserem Wohle und nicht zu unserem Schaden zu nutzen.

Könnten wir das Prinzip Belohnung nicht insgesamt viel stärker für das reale Leben nutzen, für die Herausforderungen beim Lernen, für unsere Gesundheit und unsere wichtigen Lebensziele? Sie viel stärker verbinden mit kleinen und großen Freuden? Für mich ist es zumindest fragwürdig, ob wir in der Erziehung PC-Spiele als Belohnungsanreize verwenden oder eher Belohnungen im realen Leben nutzen sollten.

Belohnungen sind eigentlich nichts Künstliches, Zusätzliches, das wir uns ausdenken müssten. Die Dinge des Lebens zu genießen, das ist das Leben selbst. Der Fadenwurm, so denke ich mir, genießt einfach, ohne es zu wissen. Arbeit und Vergnügen gehören zusammen, wie Leistung und Liebe. Es sind zwei Seiten einer Medaille. Mir fällt oft mein Urgroßvater ein, der beide Weltkriege erlebt hatte und als Metzger, Landwirt und Gastwirt sicherlich in all den schwierigen Zeiten sehr viel gearbeitet hat. Trotz harter, langer Arbeitstage hat er in seinen freien Minuten jede Gelegenheit genutzt, seine Rosen im Garten zu pflegen, und vor allem am Sonntagmorgen hat er sich eine Zigarre angezündet und ist genüsslich zwischen seinen Rosen im Garten spazieren gegangen. Er hat sich sehr einfache, kleine alltägliche Belohnungen gesetzt. Er hat nie exzessiv geraucht, die Zigarre war etwas ganz Besonderes. Ich habe meinen Uropa noch kennengelernt – als weit über neunzigjährigen glücklichen und zufriedenen Mann.

Passende Anreize finden

Wie wäre es, mit derselben Kreativität vorzugehen wie Tom Sawyer oder mein Urgroßvater, bezogen auf Ihr eigenes Leben? Wenn Sie das herausfinden, was für Sie belohnend und lohnend ist, machen Sie es Ihren neuen Gewohnheiten leichter. Und wenn Sie damit erst einmal die Anfangshürde überwunden haben, sind viele Tätigkeiten aus sich selbst heraus belohnend.

Micro-Habit-Schritt 4d: Routine aufbauen – wertorientierte Belohnungen

Darum geht's:

Es wird einfacher, eine Gewohnheit zu stoppen oder neu zu etablieren, wenn wir uns dafür belohnen, das zu tun, was wir tun wollen.

Werte und Ziele → Verhalten → Belohnung → wiederholtes Verhalten

Um uns den Einstieg zu erleichtern, sollten wir kurzfristige Belohnungen nutzen. Wenn wir uns anstrengen, etwas zu tun, das uns schwerfällt, dann sollten wir dies anerkennen und uns dafür belohnen. Das weckt unsere Motivation, die Sache wieder und wieder zu tun. Wenn ich mit Erwachsenen arbeite, finde ich es manchmal allerdings gar nicht so leicht herauszufinden, was für sie kurzfristig belohnend wirkt. Für manche ist es der Kontakt mit Freunden oder ein nettes Telefonat. Vielen fallen angenehme Aktivitäten ein wie Musikhören, die Lieblingsserie anschauen, Krimi lesen, Kochen. Es können sehr kleine Dinge sein. Um mich heute Morgen aus dem Bett zu hieven, hat mir die Vorstellung geholfen, dass ich beim Frühstückmachen meinen Lieblingsradiosender hören könnte. Und nach mehreren Therapiegesprächen freue ich mich darauf, meinen Körper zu bewegen und durch den Wald zu traben. Andere gehen gern in die Badewanne, in die Sauna, in die Natur oder in den Garten. Sie können sich auch mit etwas belohnen, das Sie sich dann kaufen: ein paar Songs zum Herunterladen, eine CD. Wenn ich ein mehrtägiges Seminar hinter mich gebracht habe und mit der Bahn zurückfahre, dann schlendere ich gern durch die Bahnhofsbuchhandlung und belohne mich mit einer Zeitschrift zu einem spannenden Thema.

Ich empfinde es auch als kleine Belohnung, wenn ich auf meiner To-do-Liste etwas durchstreichen kann. »Ah, geschafft. Das hat geklappt.« Auch hierbei können innere Monologe das Gefühl verstärken, etwas geleistet zu haben. Und ehrlich gesagt: Wir leisten heute ganz schön viel, wenn ich zum Beispiel an die bürokratischen Berge denke, die in vielen Jobs immer neu erklommen werden müssen. Wer es zu all den alltäglichen Anforderungen dazu auch noch schafft, sich um förderliche Gewohnheiten zu kümmern – der hat doch wirklich ab und zu eine Belohnung verdient. So lange eben, bis das Verfolgen der Gewohnheit selbst zur Belohnung wird. Ich finde es gerechtfertigt, einerseits zu stöhnen und sich andererseits dafür zu loben, wenn es gelungen ist, in unserem komplexen Leben etwas abzuhaken.

Für Kinder ist es oft ein erfreulicher Abschluss des Lernens oder Musikübens, dass ein Stempel, Smiley oder Sticker ins Heft gedrückt wird. Oder es wird nach jedem Mal eine Büroklammer an die nächste gehängt. Wenn zwanzig Büroklammern zusammen sind, gibt es eine größere Belohnung wie eine Spielfigur.

Das Prinzip können auch wir Erwachsenen nutzen. Es besteht einfach darin, sichtbar zu machen, was und wie oft wir die neue Verhaltensweise bereits durchgeführt haben. Dieses Sichtbarmachen können Sie auf vielfältige Weise tun: Führen Sie ein Fitnesstagebuch, haken Sie eine Aufgabe auf Ihrer To-do-Liste ab, nutzen Sie eine App oder einen Schrittzähler, führen Sie eine kleine Strichliste im Kalender. Die kleinen Erfolge sollten möglichst leicht zählbar und sichtbar werden. Werden Sie dabei aber nicht zu bürokratisch, das Bewusst- und Sichtbarmachen soll nicht zur zusätzlichen Anstrengung werden.

Intrinsische Belohnungen

Man unterscheidet zwischen extrinsischen und intrinsischen Belohnungen – ähnlich wie bei der Motivation. Geld, eine Urkunde, ein Geschenk, das sind extrinsische Belohnungen. Auch wenn wir etwas tun, um eine Bestrafung zu vermeiden, also zum Beispiel das Auto umparken, um keinen Strafzettel zu bekommen, ist das extrinsisch motiviert.

Intrinsisch wird eine Belohnung, wenn wir etwas tun, weil wir lernen wollen, weil es uns etwas bedeutet oder einfach interessiert. Die Psychologin Carol Dweck unterscheidet zwischen Menschen, die Lernziele haben – sie sind intrinsisch motiviert, neugierig und von dem Wunsch angetrieben, eine Fähigkeit zu entwickeln – und Menschen, die eher extrinsisch motiviert sind – sie haben eher Leistungsziele, sie wollen etwas schaffen, um Anerkennung zu bekommen.[14]

Intrinsische Belohnungen wirken anhaltender und sind besser, um Gewohnheiten zu bilden. Sie berühren uns viel stärker und sind enger mit unseren Gefühlen verbunden. Grundsätzlich wirken sich intrinsische Belohnungen viel stärker auf das aus, was wir tun – kurz- und auch langfristig.

Wir wollen uns das noch etwas genauer ansehen: Was passiert in uns, wenn wir etwas als intrinsische Belohnung erleben? Vielleicht können Sie sich an einen Moment der letzten Tage erinnern, als Sie einer Handlung nachgingen und plötzlich eine innere Zufriedenheit spürten. Vielleicht haben Sie im Garten gearbeitet oder waren joggen und haben plötzlich bemerkt, dass Sie dabei lächeln. Es hat sich stimmig angefühlt. Wie wenn Körper und Gefühle innerlich Ja sagen. Wenn ein Tun mit einer intrinsischen Belohnung verbunden ist, dann ist es stimmig für Sie: in Übereinstimmung mit Ihren Werten und Zielen. Es passt zu Ihren Herzensangelegenheiten.

Mich überkommt oft ein großes Zufriedenheits- und Glücksgefühl, wenn ich die Möglichkeit habe, auf einen Berg zu steigen. Es stimmt sehr mit dem überein, was für mich wertvoll und wichtig ist im Leben. Auch wenn das Wandern bergauf oft mit großer Anstrengung verbunden ist, macht es mir Freude. Wenn wir etwas tun, was uns wichtig ist, dann signalisiert unser Körper: »Schön, dass du das jetzt machst.« Er sagt uns das natürlich nicht wörtlich, sondern durch ein wohliges Körpergefühl, durch Zufriedenheitsgefühle und entspannte Gesichtszüge.

Intrinsische Belohnungen erleben wir auch bei höchst anspruchsvollen Tätigkeiten, beim Operieren, Klettern oder Bücherschreiben zum Beispiel. Die Herausforderung ist eine Möglichkeit, sich zu entwickeln, zu reifen und etwas zu lernen. Der Prozess selbst ist belohnend, ihm gilt die ganze Aufmerksamkeit und Energie.

Aus sich selbst heraus angenehm

Gibt es Handlungen, die Sie als intrinsisch belohnend erleben? Wenn Sie gerade mittendrin sind: Achten Sie mal bewusst auf das zufriedenstellende Gefühl und kosten Sie es aus. Erlauben Sie diesem Gefühl, dass es sich in Ihrem Körper ausbreitet.

Geschickt verknüpft

Das Beste nun ist: Intrinsische Belohnungen stimmen mit unseren Werten überein – und darin treffen sie sich mit den Gewohnheiten, die wir etablieren wollen. Es ist ja nicht sinnvoll, »irgendwelche«

Belohnungen zu genießen, wenn wir eine neue gute Gewohnheit umsetzen. Wenn wir uns also mit einem dicken Stück Torte belohnen, weil wir joggen waren. Deswegen spreche ich von »wertorientierten Belohnungen« – das sind solche, die zu Ihren Werten passen und damit auch zur Gewohnheit, die neu gelebt werden soll.

Wir erleben uns bei solchen Tätigkeiten in Übereinstimmung mit unseren bewussten oder auch unbewussten Werten. Weil wir das, was uns zufriedenstellt, natürlich immer und immer wieder tun und erleben wollen, bleiben wir auch an unserer neuen Gewohnheit dran, wenn wir sie mit solchen Belohnungen verknüpfen. Intrinsische Belohnungen machen nicht süchtig, sie machen zufrieden. Es ist nicht der exzessive Rausch oder der schnelle Kick, es ist eher ein tiefes Übereinstimmen mit sich und dem, was man gerade tut.

Intrinsische Belohnungen entdecken

Letztens habe ich mit meinen Kindern und einigen Freunden Crêpes gebacken. Es war laut und chaotisch. Alle wollten helfen und mitbacken, dabei tropfte überall der Teig hin. Die Crêpes waren nicht schnell genug fertig oder brannten an. Immer rief irgendjemand und wollte mehr. Inmitten dieses fröhlichen Chaos bemerkte ich ein leises Gefühl, eine leise Stimme in mir, die sagte: »Das ist gut so, das macht Freude.« Es waren auch noch andere Gefühle da, ich habe mich auch etwas gestresst gefühlt, und am Ende gab es noch Ärger, weil keiner beim Aufräumen helfen wollte. Doch parallel war weiter dieses zufriedene Gefühl in mir spürbar, ein Gefühl der Stimmigkeit.

Das Crêpes-Backen steht hier stellvertretend für Gewohnheiten und Handlungen, die wir für andere verrichten. Situationen wie diese sind sehr komplex und von vielen Stimmungen und Gefühlen bestimmt. Ich möchte Sie anregen, ein solches Stimmigkeitsgefühl wahrzunehmen, das sich bestimmt auch bei Ihnen und vielleicht sogar bei alltäglichen Verpflichtungen zeigt: beim Aufräumen, Kochen, Hausaufgabenmachen, im Job oder wenn Sie die Eltern besuchen oder pflegen oder ein Ehrenamt verrichten. Finden Sie die Seite des Erlebens, die Sie innerlich belohnend finden. Bei intrinsischen Belohnungen liegt die Belohnung bereits im Tun, im Prozess. Oft verstehen wir Belohnung als etwas, das am Ende, nach der eigentlichen Handlung erfolgt. Es mag ja sein, dass manche Noten für den weiteren beruflichen Erfolg entscheidend sind, die meisten Noten in Schule und Berufsausbildung haben allerdings wenig Bedeutung für das weitere Leben. Viel wichtiger ist, ob es befriedigend ist, Englisch zu lernen, ob wir ein Interesse für die Sprache entwickeln und Lust darauf haben, unsere Englischkenntnisse auf Reisen und in Begegnungen zu nutzen. Denken Sie daran: Alles, was uns befriedigt und Freude bereitet, will wiederholt werden, und daraus bilden sich Gewohnheiten. Wenn wir das Englischlernen als ätzend und langweilig erleben, haben wir keine Lust zur Wiederholung. Halten Sie Ausschau nach der Befriedigung, die in der Gewohnheit selbst liegt. In anstrengenden Phasen kann man sich noch zusätzlich nach einer Phase der eigentlichen Tätigkeit mit seiner Lieblingsserie oder einem Musikvideo belohnen.

Längerfristig geht es darum, die Belohnung und Befriedigung im Verhalten selbst zu entdecken. Mit der Zeit können Sie die Wirkung Ihrer Meditation unmittelbar spüren, Sie fühlen sich wacher, entspannter und können sich besser konzentrieren. Mit der Zeit spüren Sie unmittelbar die Wirkungen Ihres Fitnesstrainings und nehmen mit Freude die eigene Kraft beim Hantelnstemmen wahr.

Um in den Genuss von intrinsischen Belohnungen zu kommen, sollten wir den Gesamtprozess im Blick haben. Vielleicht entdecken Sie dabei auch konkret die Verbindung zu dem, was Ihnen im Leben wichtig ist, zu Ihren Werten und Lebenszielen.

Micro-Habit-Schritt 4d: Routine aufbauen – werteorientierte Belohnung

So geht's:

Halten Sie einen Moment inne, und überlegen Sie: Was erleben Sie selbst als belohnend? Wie können Sie sich selbst eine kleine Freude bereiten? Könnten Unternehmungen mit Freunden oder der Familie für Sie belohnend sein? Gibt es angenehme Aktivitäten, auf die Sie sich freuen würden? Oder schöne Orte der Erholung und des Wohlbefindens, die Sie aufsuchen könnten? Wie könnten Sie das mit den Gewohnheiten verknüpfen, die Sie etablieren wollen?

Erschöpfen Sie Ihr Belohnungssystem nicht

Intrinsische Belohnungen unterscheiden sich sehr deutlich von den exzessiven Genussorgien, die unser Dopaminsystem fordern und rasch erschöpfen: Kaffee, Zigaretten, Süßigkeiten, intensive PC-Spiele und so weiter. Unser Belohnungssystem reagiert mit Erschöpfung und gleichzeitig fordert es mehr vom selben. Ratten im Labor, die ihr Belohnungssystem durch einen Hebeldruck direkt stimulieren konnten, drückten wie schon erwähnt so lange, bis sie völlig erschöpft waren oder sogar tot umfielen. Der Körper gewöhnt sich an solche Belohnungen und will immer mehr und mehr. Das nennt man Habituationseffekt. Deshalb sollten diese Arten von Belohnungen eher gering dosiert eingesetzt werden. Sobald eine ausgeprägte Sucht vorhanden ist, ist für unser Gehirn ein dosierter Konsum nur noch schwer möglich. Jeder Raucher kennt das, wenn er früher sehr viel geraucht hat, damit aufhörte und nun droht, rückfällig zu werden. Den meisten gelingt es nicht, kontrolliert ein oder zwei Zigaretten pro Tag zu rauchen. Nach einer gewissen Zeit ist das alte Konsumverhalten wieder da. Das Gehirn kennt: entweder gar nicht rauchen oder die ein bis zwei Schachteln pro Tag, die es früher waren. Die Selbstkontrolle fällt dann extrem schwer. Wer hingegen früher nur Gelegenheitsraucher war, fällt bei erneutem Rauchen wieder in das Muster des Gelegenheitsrauchers zurück, deshalb ist es ratsam, früh genug süchtiges Verhalten zu stoppen und zu kontrollieren.

Dieselbe Entweder-oder-Logik scheint auch für ausgeprägte Internetsüchte (Spiele, Pornografie, Social Media) zu gelten. Wie man sich leicht vorstellen kann, ist bei internetbezogenen Süchten eine Abstinenz in unserem Alltag sehr schwierig zu leben, da wir in unserer Umwelt überall Zugänge und Auslöser für diese Süchte haben.

Natürlich kann es okay sein, sich auch mal mit den genannten Reizen zu belohnen, wenn man mit einer neuen Gewohnheit gute Fortschritte macht. Doch deutlich besser fahren Sie mit intrinsischen Belohnungen, Dingen, die Sie genießen können und die Ihnen auch in höheren Dosen nur Gutes tun.

Auch bei intrinsisch motivierten Tätigkeiten und Gewohnheiten kann Müdigkeit oder das innere Signal auftauchen, dass es jetzt genug ist. Wenn Sie gern joggen, sich aber so verausgaben, dass am Ende alles schmerzt oder Ihnen übel ist vor Erschöpfung, dann haben Sie den richtigen Zeitpunkt zum Aufhören verpasst. Das Sprichwort sagt: »Hör auf, wenn es am schönsten ist.« Um die intrinsische Motivation zu steigern, ist das genau der richtige Zeitpunkt. Das Ende bleibt haften in der Erinnerung – und man will bald wieder mehr davon.

Micro-Habits-Schritt 4d: Routine aufbauen – wertorientierte Belohnungen

Ganz praktisch:

Wenn Sie eine neue Gewohnheit etablieren wollen, dann überlegen Sie sich vorher, wie Sie sich dafür belohnen wollen. Wenn am Ende etwas Befriedigendes kommt, dann bildet sich viel leichter eine anhaltende Routine. Anfangs fällt es schwer, ins Fitnessstudio zu gehen, deshalb ist es wichtig, sich in der Anfangsphase dafür zu belohnen, zum Beispiel durch eine erfrischende Apfelsaftschorle am Ende. Den Abschluss belohnend zu gestalten, ist für unser Gehirn besonders wichtig. Machen Sie die Einheit am Schluss, die Ihnen am leichtesten fällt und am meisten Freude bereitet.

Fragen Sie sich: Wie können Sie sich für neue Verhaltensweisen belohnen, die Ihnen wichtig sind. Welche Belohnungen fallen Ihnen ein, die Sie wirklich motivieren?

Belohnend kann auch das Aufschreiben sein, weil es das Getane sichtbar macht: der Haken im Kalender oder das Streichen der Aufgabe von der Liste. Belohnend kann aber auch das eigene Selbstgespräch sein. Loben Sie sich selbst, wenn Sie eine Gewohnheit umzusetzen beginnen: »Das hast du gut gemacht.« Oder: »Super, geschafft.« Welches positive Selbstgespräch hilft Ihnen? Was würde Ihre beste Freundin sagen, wenn sie dabei wäre?

Wenn Sie eine Verhaltensweise mehrere Monate durchgeführt haben und nun mittlerweile regelmäßig meditieren, Sport treiben oder Gitarre spielen, werden mit der Zeit die intrinsischen Belohnungen immer stärker. Fragen Sie sich dann: Was ist das Befriedigende an dem neuen Verhalten? Gibt es etwas, das Sie daran besonders genießen, das Sie erfreut? Machen Sie sich nach dem Laufen das Wohlbefinden bewusst, nach dem Aufräumen den ordentlichen Schreibtisch. Halten Sie einen Moment inne und kosten Sie diese Erfahrung aus. Diese Momente bleiben im Gehirn haften und machen es das nächste Mal leichter.

Manchmal kann es auch hilfreich sein, an den eigenen Fortschritt zu denken. Wenn Sie Yoga üben: Wie war es am Anfang, und wie hat sich Ihre Beweglichkeit seitdem verändert? Welche Kompetenz haben Sie inzwischen erworben?

Micro-Habits-Schritt 4: Routine aufbauen

Zusammengefasst

Sie haben vielfältigste Möglichkeiten, sich dabei zu unterstützen, Ihre Gewohnheiten zu verändern:

Selbstmotivation	Warum ist eine bestimmte Gewohnheit für Sie wichtig? Welcher Wert, welches Bedürfnis ist damit verbunden? Entdecken Sie Ihre intrinsische Motivation.
Umweltkontrolle	Gestalten Sie Ihre Umwelt. Machen Sie auslösende Reize für das gewünschte Verhalten groß, sichtbar, leicht verfügbar. Nutzen Sie soziale Unterstützung, gemeinsam sind wir stark.
Verhaltensplanung	Formulieren Sie Wenn-dann-Pläne. Gehen Sie ein inneres Committment für das ein, was Ihnen wichtig ist. Wagen Sie den Sprung.

	Wiederholung, Wiederholung, Wiederholung. Sie führt zur Automatisierung. Wenden Sie diese Kenntnisse auch auf Denkgewohnheiten und auf Ihre Gewohnheiten in verschiedenen Lebensbereichen an.
Werteorientierte Belohnungen	Belohnen sich selbst unmittelbar. Machen Sie Ihre positive Gewohnheit sichtbar. Nutzen Sie das positive Selbstgespräch. Hören Sie auf, wenn es am schönsten ist. Entdecken Sie, wie belohnend die Tätigkeit selbst ist.

Micro-Habit-Schritt 5: Ohne Vorwurf – sich selbst ein freundlicher Coach sein

Mittlerweile sollte sich einiges an Ihren Gewohnheiten getan haben. Wenn Sie die ersten vier Schritte unseres Micro-Habit-Programms durchlaufen haben, dann dürften Sie erleben, wie Sie Einfluss auf schädliche Gewohnheiten gewinnen und günstige Gewohnheiten entsprechend Ihrer Werte im Leben etablieren können.

Micro-Habit-Schritt 1: **M**erken

M**i**cro-Habit-Schritt 2: **I**ntention finden

Mi**c**ro-Habit-Schritt 3: **C**omplicationen managen

Mic**r**o-Habit-Schritt 4: **R**outine aufbauen

Micr**o**-Habit-Schritt 5: **O**hne Vorwurf

Der fünfte Schritt zielt nun darauf ab, die Gewohnheiten langfristig auf einem zufriedenstellenden Niveau zu leben. Denn natürlich wird es nicht jeden Tag gleich gut laufen und dann und wann auch Rückschritte geben – und dabei kommt es darauf an, besonders freundlich mit sich selbst umzugehen. Diese Freundlichkeit sich selbst gegenüber ist das Wichtigste, wenn Sie auf lange Sicht günstige Gewohnheiten leben möchten.

MicrO-Habit-Schritt 5: Ohne Vorwurf – sich selbst ein freundlicher Coach sein

Darum geht's:

Gewohnheiten ändert man nicht von heute auf morgen. Ein langer Atem ist wichtig. Deswegen werden Sie in Schritt 5 zu Ihrem eigenen Coach. Ihrem eigenen freundlichen und fürsorglichen Coach.

Freundlichkeit oder Kritik?

Heike und Thorsten haben beim gleichen Fahrlehrer ihre Fahrprüfung abgelegt. Endlich können sie loslegen und mit dem Auto hinfahren, wo auch immer sie wollen. Heike fährt ab und zu mit ihrem zwei Jahre älteren Freund spazieren. Der Freund kommentiert jeden kleinen Fehler: »Du fährst zu nah am Rand. Fahr nicht so schnell, hier ist dreißig … Fahr nicht so langsam …« Manchmal sitzt er nur da und schüttelt den Kopf. Die beiden geraten oft in Streit. Heike muss öfter anhalten, um sich kurz zu beruhigen. Sie fühlt sich verletzt durch seine Kommentare und sagt mehrfach verärgert zu ihrem Freund: »Ach, fahr doch selber!«

Thorsten und seine Freundin machen ebenfalls einige gemeinsame Spazierfahrten. Sie hören dabei ihre Lieblingsmusik, freuen sich an den gemeinsamen Ausflügen und genießen die neu gewonnene Freiheit. Sie fantasieren gemeinsam davon, wo sie demnächst hinfahren werden. Thorstens Freundin kommentiert nicht groß, wenn er unsicher fährt. Die gemeinsame Freude beim Fahren ist für sie das Entscheidende.

Was denken Sie: Wer wird die neue Gewohnheit Autofahren leichter in seinem Alltag etablieren, Thorsten oder Heike? Eindeutig Thorsten, oder? Ja, denn Heike hat die Lust am Autofahren schnell wieder verloren. Es gab dabei meistens Streit mit ihrem Freund. Für Thorsten hingegen ist das Autofahren freudvoll und belohnend, es ist zu einer selbstverständlichen und angenehmen Gewohnheit geworden. Er ist stolz darauf und genießt den größeren Erlebensradius.

Harsche Selbstkritik ist ein schlechter Ratgeber

Heike und Thorsten hatten beide den großen Wunsch, das Autofahren zu lernen. Die Prüfungen bestanden beide gleichermaßen gut. Doch als es daran ging, aus dem Fahren eine Gewohnheit werden zu lassen, hätten die Bedingungen unterschiedlicher nicht sein können. Thorsten hatte die wohlwollende Unterstützung seiner Freundin. Heike hingegen erlebte eine äußerst kritische Begleitung ihres Freundes, der es sicherlich gut gemeint hatte, auch er wollte nur das Beste, hat aber genau das Gegenteil bewirkt. Heike verbindet mit dem Autofahren inzwischen Kritik und Streit. Sie hat angefangen, es zu vermeiden. Sie geht wie früher zu Fuß oder nimmt die Bahn. Das freudvolle Gefühl, etwas Neues und Nützliches zu lernen, ist nicht mehr spürbar. Im Vordergrund steht für sie jetzt die Vermeidung der unangenehmen Gefühle, die mit dem ewigen Streit im Auto verbunden sind.

Es gilt auch für die Gespräche mit uns selbst: Kritik ist nicht der beste Ratgeber bei der Etablierung neuer Gewohnheiten. Das haben auch psychologische Untersuchungen festgestellt. Kritik bewirkt oft sogar das Gegenteil. Harsche Selbstkritik untergräbt die Motivation, die wir aber brauchen, um die gewünschten Ziele zu erreichen. So zum Beispiel bei Marina. Sie ist eine wirklich gute Programmiererin. Sie wird oft von ihrem Chef dafür gelobt, aufgrund der jahrelangen guten Arbeit übergibt er ihr zunehmend schwierige Programmieraufträge. Doch Marina ist sehr perfektionistisch. In ihren Programmen dürfen keine Fehler auftauchen. Sie weiß, dass das eigentlich nicht möglich ist, vor allem bei diesen komplexen Aufgaben. Doch sie treibt sich selbst zur Perfektion, auf jeden kleinen Fehler reagiert sie mit harscher Selbstkritik. Als Folge davon ist sie zunehmend nervös und unruhig, sie kann immer schlechter schlafen und beginnt, Angst vor den neuen Aufträgen ihres Chefs zu bekommen, obwohl der sie sehr schätzt und unterstützt. Der Chef kritisiert sie in keiner Weise, Marina hat vor allem Angst vor ihrer eigenen Selbstkritik. Sie überlegt sich, ob sie wieder auf die einfacheren Programmieraufträge zurückgeht.

Claudia versucht erst gar nicht, ihre Essgewohnheiten zu verändern, denn bei der kleinsten »Sünde« attackiert sie sich selbst so heftig, dass sie aufgehört hat, auch nur minimale Veränderungen vorzunehmen.

Der Fokus auf Kritik und Selbstkritik aktiviert in uns eher Angst, Unsicherheit und den inneren Zwang, Fehler unbedingt vermeiden zu wollen. Selbstzweifel begleiten das Handeln, und wir fragen uns ständig: »Bin ich gut genug? Krieg ich das hin?« Es bilden sich eher Vermeidungsgewohnheiten als Gewohnheiten, die mit unseren Zielen zu tun haben.

Sich selbst ein guter Coach sein

Thorsten erlebte die freundliche Begleitung seiner Freundin. Die gemeinsame Freude beim Autofahren war hilfreich für ihn, ebenso wie die Zuversicht seiner Freundin, dass das mit dem Autofahren irgendwann gut klappen wird. Sie hatte offenbar überhaupt keine Zweifel daran.

Seien Sie sich auf die gleiche Weise selbst ein freundlicher Begleiter, wenn Sie eine neue Gewohnheit in Ihr Leben integrieren oder eine schlechte Gewohnheit verbannen wollen. Schicken Sie den inneren Kritiker in den Urlaub. Bei neuen Gewohnheiten ist es wichtig, ein Klima zu schaffen, in dem auch Fehler und Rückschläge vorkommen dürfen. Wie sieht ein solches Klima der Selbstfreundlichkeit aus? Wie unterstützt man sich wohlwollend, wenn man etwas Neues wagt? Vielleicht können Sie sich an gute Lehrer oder Menschen erinnern, von denen Sie sich schon einmal unterstützt gefühlt haben. Was haben die gemacht? Wie haben sie Ihnen geholfen, über Schwierigkeiten hinwegzukommen?

Vermutlich haben Sie diese Menschen weder abgewertet, kritisiert oder beschimpft noch rechthaberisch alles besser gewusst und für Sie erledigt. Im Gegenteil, wir erleben jemanden dann als unterstützend, wenn er Verständnis für das zeigt, was wir erleben. Er hört zu. Das, was wir erzählen und erleben, ist für ihn in Ordnung. Wir fühlen uns unterstützt, wenn uns jemand in schwierigen Situationen Mut zuspricht und uns hilft, sie zu ertragen oder zu bewältigen. So ein Mensch ist auch bei Rückschlägen geduldig. Er gibt uns ehrlich Rückmeldung und hilft uns dabei, unsere Pläne umzusetzen. Er drängt uns dabei nicht, sondern kann unsere Grenzen respektvoll einhalten. Er trägt uns auch nichts nach, er kann verzeihen, Fehler sind für ihn erlaubt. Können Sie sich vorstellen, sich selbst auf diese Weise zu begegnen?

- Sie zeigen Verständnis für das, was Sie erleben.
- Sie sprechen sich in schwierigen Situationen Mut zu.
- Sie sind bei Rückschlägen geduldig mit sich selbst.
- Sie geben sich positive Rückmeldungen.
- Sie gehen respektvoll mit sich um.
- Sie verzeihen sich, wenn Sie Fehler begehen.

Manchen Menschen fällt es schwer, sich selbst so zu behandeln. Ihnen fällt es leichter, mit einem Freund, einer Freundin oder einem geliebten Tier so umzugehen. Wenn das auf Sie zutrifft, können Sie sich in schwierigen Situationen fragen: »Wie würde ich einen guten Freund unterstützen, wenn er in meiner Lage wäre? Was würde ich ihm raten? Wie einfühlsam und geduldig würde ich mich der anderen Person gegenüber verhalten, wenn sie dasselbe wie ich empfände oder in derselben Situation wäre?« Die Wertschätzung und der Respekt, den Sie anderen entgegenbringen, bietet eine gute Orientierung für den Umgang mit Ihnen selbst.

Grundsätzlich geht es darum, sich selbst ein guter Coach zu sein, sich selbst eine Atmosphäre zu schaffen, wie es gute Trainer und Lehrer tun. Eine Atmosphäre der Freundlichkeit und der Annahme. Es ist keine Atmosphäre der Angst und des Leistungsdrucks. Es ist eine Atmosphäre, in der Sie sich gesehen fühlen in dem, was Ihnen wichtig ist. In so einer Atmosphäre kann es gelingen, sein Leben positiv zu verwandeln. Ein guter Coach gibt uns auch den einen oder anderen Tipp, er gibt uns aber vor allem eins: das Vertrauen, dass wir es schaffen können und die Fähigkeiten, die wir benötigen, in uns selbst auch haben.

Micro-Habit-Schritt 5: Ohne Vorwurf – sich selbst ein freundlicher Coach sein

Ganz praktisch

Sie sind dabei, eine neue Gewohnheit zu etablieren oder eine schlechte zu stoppen. Dabei können Sie sich fragen: »Wie würde mich der gute Lehrer von damals (oder der beste Lehrer meiner Vorstellung) jetzt begleiten und unterstützen?« Wenn Sie etwas gefunden haben, notieren Sie es und wenden Sie es für sich selbst an.

Umgang mit Rückfällen

An verschiedenen Stellen dieses Buches haben wir darüber gesprochen, wie wir Schwierigkeiten vorwegnehmen können. Eine besondere Schwierigkeit auf dem Micro-Habits-Weg sind Rückfälle in alte Verhaltensgewohnheiten. Die kommen in der Regel dann vor, wenn wir uns so überlastet, gestresst oder gekränkt fühlen, dass wir auf Autopilot schalten. Rückfälle können auch in Phasen der Langeweile und Unterforderung auftreten, alte Ess-, Trink- und Konsumgewohnheiten sollen dann unsere Missempfindungen »wegmachen«.

Rückfälle laufen meist nach einem Muster ab, das wir vermutlich schon des Öfteren erlebt haben. Deshalb lohnt es sich, wieder die Lupe herauszunehmen und dieses Muster genauer zu untersuchen. Es ist wie bei einem Raucher, der wiederholt mit dem Rauchen aufgehört hat, und sich mit den Situationen befassen sollte, in denen er wieder rückfällig wurde. Um das Rückfallmuster zu verstehen und zu durchbrechen, sollten Sie sich folgende Fragen stellen:

1. **Auslöser:** Was sind die inneren und äußeren Auslöser? Gibt es vorbeugende Maßnahmen, um den Auslöser zu entfernen oder zu verändern oder ihm nicht zu erliegen?
2. **Verhalten/Schwierigkeit:** Wie haben Sie gehandelt? Konnten Sie den Rückfall unterbrechen? Was hat Sie davon abgehalten, so zu handeln, wie Sie es sich vorgenommen hatten?
3. Wenn ein Rückfall eingetroffen ist, was können Sie dann tun? Gibt es ein alternatives Verhalten, das Sie sich vornehmen können für so eine Situation in der Zukunft? Welche Wenn-dann-Pläne würden passen?
4. Gibt es weitere Unterstützungsmöglichkeiten in Rückfallsituationen?
5. **Konsequenzen:** Wie ging es Ihnen unmittelbar danach? Was waren die direkten Konsequenzen? Was sind die langfristigen Konsequenzen, wenn Sie Ihr Verhalten nicht ändern? Malen Sie sich die langfristigen Konsequenzen möglichst deutlich aus. Und wie sähe es aus, wenn Sie es schaffen, Ihr Verhalten konsequent zu ändern?

Rückfälle sind wichtige Lernsituationen, um immer besser mit Schwierigkeiten umzugehen. Deshalb lohnt es sich, genau zu erforschen, was während eines Rückfalls passiert. Jane zum Beispiel hatte einen Rückfall in eine alte Essgewohnheit. Sie ertappte sich dabei, wie sie noch vor der Kühltruhe einen großen Eisbecher öffnete. Als sie den ersten Löffel Schokoeis gegessen hatte, dachte sie: »Jetzt ist eh schon alles egal.« Hastig verschlang sie die kompletten fünfhundert Gramm Eis – und danach ging es ihr doppelt so schlecht. Bei genauerem Hinsehen entdeckte sie ihre Alles-oder-nichts-Logik. Für Jane ist es eine neue Erfahrung, dass sie zu jedem Zeitpunkt einen Rückfall unterbrechen kann. Sie machte sich bewusst, dass sie auch nach dem vierten Löffel einfach aufhören könnte. Bei genauerem Hinsehen können wir oft solche starren Regeln entdecken – und dann bewusst entscheiden, sie aufzugeben.

Andreas hat ein anderes Rückfallmuster, das entwickelt sich eher schleichend. Wenn weniger zu tun ist, dann surft er abends länger im Internet und schläft morgens länger. In den Wintermonaten fällt ihm das Aufstehen ohnehin schwerer. Er bemerkt, dass sich dann bei ihm auch wieder mehr Grübelgedanken und Sorgenketten einschleichen, er zieht sich dann mehr zurück. Jetzt wird es Zeit für ihn, die Signale richtig zu deuten. Es wird Zeit, aktiv zu werden und den Tag-Nacht-Rhythmus einzuhalten.

Identifikation von Rückfallmustern

Füllen Sie ein solches Fragenblatt aus, um sich bei Micro-Habit-Schritt 5 Klarheit zu verschaffen.

Typische Auslöser für Rückfälle:

1. ______________________________

____

2. ______________________________

____

3. ______________________________

____

Was sind meine Werte und Ziele in diesen Situationen?

____

____

Wie will ich mich zukünftig verhalten, wenn diese Auslöser auftreten?

»Wenn … dann«

____

____

Wie unterbreche ich künftig Rückfälle in alte Gewohnheiten?

»Wenn … dann«

____

____

Innehalten und der freundliche Blick

In Micro-Habit-Schritt 5 trifft sich das eingangs beschriebene Merken mit dem freundlichen Blick. Wenn Sie einen Automatismus unterbrechen, dann können Sie dies so tun wie ein guter Coach, der Sie unterstützen will, etwas Neues zu lernen, oder Ihnen einen guten Rat geben möchte. Mit einem freundlichen Blick innezuhalten ermöglicht uns auch, uns Fehler einzugestehen. In dieser Atmosphäre können wir zugeben, wenn etwas richtig schiefgegangen ist. Wir müssen uns nicht vor uns selbst verstecken oder schämen. Wir können mit freundlichem Abstand auf unser Verhalten und die Situation schauen.

Andreas Stäbler, der Trainer im Ringen, sagt: »Wenn ein Ablauf lange falsch eingeübt wurde, dann ist das schwer wieder rauszukriegen. Am besten kann man nach einer bitteren Niederlage daran arbeiten, wenn es wirklich schmerzhaft war. Man muss dann genau analysieren, woran es lag. Nach einer Niederlage ist der Wille da, es wirklich zu ändern. Deshalb sind Niederlagen zum richtigen Zeitpunkt immer gut. Sie wecken die Trainingsmotivation und den Scharfsinn.«

Während wir unsere Gewohnheiten verändern, sollten wir unseren inneren Kritiker wachsam beobachten, ihn früh bemerken, unterbrechen und am besten bitten, für eine Weile auf die Seite zu treten.[15] Wenn wir uns selbst angreifen und verletzen, löst das zusätzlich Stress aus, und die Rückfallmuster werden noch verstärkt. Wir geraten umso leichter ins Grübeln: »Wenn es mir so schlecht geht, weil ich es ja eh nicht hinbekomme, dann brauche ich die Zigarette oder den Schokoeisbecher umso mehr.«

Auch – und gerade – im Rückfall: Zeigen Sie Verständnis für sich selbst. Rückfälle sind menschlich und passieren anderen auch. Sprechen Sie sich Mut zu: »Ich werde dranbleiben und es schaffen.« Seien Sie geduldig mit sich selbst. So wie Sie auch mit Ihrer besten Freundin geduldig wären. Verzichten Sie auf Selbstbeschuldigungen und Selbstanklagen. Gehen Sie respektvoll mit sich um. Lernen Sie, sich selbst zu verzeihen, wenn Sie einen Fehler gemacht haben oder in ein Verhalten zurückschlittern, mit dem Sie sich selbst lange genug geschädigt haben. Verzeihen heißt hier nicht vergessen. Nein, schauen Sie hin und führen Sie sich die Konsequenzen sehr genau vor Augen. Aber klagen Sie sich nicht dafür an, verzichten Sie auf Selbstvorwürfe und Aggressionen gegen sich selbst.

Christine Neff, Psychologie-Professorin der Universität Texas, konnte in vielen Untersuchen zeigen, dass Menschen mit einer mitfühlenden Haltung sich selbst gegenüber viel engagierter und gewissenhafter Gewohnheiten verändern konnten als Menschen mit weniger Mitgefühl. In einer Untersuchung mit Studierenden, die ihre Semesterprüfungen in den Sand gesetzt haben, konnte

Christine Neff zeigen, dass selbstfreundliche Studierende ihren Misserfolg eher als eine Gelegenheit zum Wachstum interpretierten und sich in ihrem Selbstwert nicht ernsthaft bedroht fühlten. Wenn Rückfälle und Misserfolge auf Verständnis stoßen und als Chance zum Lernen gesehen werden, dann verlieren sie ihren Schrecken.[16]

Mitgefühl für sich selbst heißt: »Ich trage den tiefen Wunsch in mir, dass auch ich ein glückliches, gesundes und zufriedenes Leben führe, dass ich mich für meine Werte und Ziele im Leben engagieren kann und die Zuversicht pflege, sie zu erreichen. Und wenn dies zeitweise nicht so gut gelingt, besteht jeden Tag neu eine Gelegenheit, sich dafür zu engagieren.«

Micro-Habits-Schritt 5: Ohne Vorwurf – sich selbst ein freundlicher Coach sein

Ganz praktisch:

Wie würde Sie ein guter Coach momentan unterstützen? Vielleicht fallen Ihnen auch Menschen ein, die Sie in der Vergangenheit wohlwollend begleitet und unterstützt haben. Wer hat Ihnen schon mal Mut gemacht, wer hat Ihnen Verzeihen vorgelebt?

Bei Rückfällen in alte Gewohnheiten sollten Sie genau hinsehen, was läuft. Sehen Sie auf sich selbst mit einem verzeihenden Blick. Bemerken Sie, wenn auf der anderen Seite der innere Kritiker auftritt. In welchen Situationen machen Sie sich selbst Vorwürfe? Was können Sie sich selbst kaum verzeihen? Machen Sie sich bewusst, dass intensive Selbstkritik auch eine Form von Gewohnheit ist, eine Gewohnheit, wie Sie mit sich selbst umgehen. Erinnern Sie sich immer wieder daran, dass ein freundlicher Umgang mit sich selbst eine Gewohnheit ist, die man lernen kann.

Bereiten Sie sich auf Rückfälle vor. Ihr Gehirn hat über Jahre oder Jahrzehnte eine bestimmte Gewohnheit gelernt, deshalb kann es immer wieder mal vorkommen, dass Sie in diese alte Gewohnheit zurückfallen. Seien Sie darauf vorbereitet: Was tun Sie dann? Haben Sie einen Wenn-dann-Plan für den Rückfall?

Rückfälle sind zutiefst menschlich. Wertgeschätzte Gewohnheiten bauen wir nicht durch einen stahlharten Willen und durch Härte gegen uns auf, sondern als Ausdruck eines freundlichen Umgangs mit uns selbst.

Exkurs zur Optimierung, Selbstoptimierung, Selbstschädigung

Als Menschen neigen wir zur Optimierung. Das hat bereits früh begonnen, viel früher als mit der Erfindung des ersten Messers, der Nutzung von Fellen als Kleidung oder der Züchtung von Nahrungspflanzen. Wir wollten einfach immer angenehmer leben und ausprobieren, was sich noch verbessern lässt. Diese Optimierung setzt sich bis heute fort: Einfache Werkzeuge haben wir zu komplexen Maschinen weiterentwickelt, das erste Telefon ist heute als Smartphone ein Multifunktionscomputer. Ich bin sehr dankbar für die vielen Erfindungen, sodass ich mit meiner Familie nicht mehr in einer Höhle hause, sondern es mir in einem beheizbaren und trockenen Raum gemütlich machen kann, während im Ofen eine Pizza bäckt.

Es gibt aus meiner Sicht eine vernünftige Form der Optimierung. Ein Schreiner, der seine handwerklichen Fähigkeiten verbessert und neue Routinen entwickelt. Eine Mutter, die ihr Kind in der Schule unterstützt und, wenn das nicht reicht, zur Nachhilfe schickt, sodass es lernt, mit den Anforderungen der Schule gut zurechtzukommen. Es gibt Formen der Optimierung, die fürsorglich, freundlich und wohlwollend sind, sie haben etwas mit Verhaltenssteuerung, Kompetenzerwerb und wirkungsvoller Gewohnheitsbildung zu tun. Sie sind an der Sache orientiert, um reale Anforderungen des Lebens zu bewältigen. Das Feld der Optimierung hat sich jedoch sehr stark auf unser Selbst erweitert. Wir sprechen dann von Selbstoptimierung – und ab einem gewissen Punkt beginnt es hier seltsam zu werden.

Mir begegnen zunehmend Menschen, die sich selbst, ihren Körper, ihre Leistung, ihr emotionales Erleben immer mehr optimieren wollen. Junge Frauen sitzen vor mir in der Praxis und finden sich nach verschiedensten Diäten und sogar schönheitschirurgischen Eingriffen immer noch nicht schön und schlank genug. Andere nehmen Antidepressiva, Beruhigungsmittel oder auch leistungssteigernde Medikamente, um an ihrem Arbeitsplatz die geforderte Leistung zu erbringen. Die Anzahl der Medikamente zur Leistungssteigerung ist laut Krankenkassenstatistiken stark ansteigend. Männer unter dreißig lassen sich Viagra verschreiben, um auf Nummer sicher zu gehen und im Bett Leistung zu erbringen. Aber nicht nur die Jüngeren optimieren sich, die Älteren kaufen Anti-Aging-Produkte, spritzen sich die Falten weg, lassen sich die Lippen aufblasen oder kämpfen durch äußerste Fitnessdisziplin gegen das Älterwerden. Doch allein das Wort Anti-Aging sollte uns stutzig machen.

Sicherlich gibt es für all das vielfältige gesellschaftliche und psychosoziale Ursachen. Im Kern der schädlichen Selbstoptimierung taucht jedoch häufig dasselbe Grundgefühl auf: nicht zu genügen, minderwertig zu sein, die Angst davor, den Anschluss zu verlieren. Der Motor ist also eher die Angst, nicht mehr mitzukommen, nicht dazuzugehören, und daraus entsteht der innere Druck, den übersteigerten Ansprüchen unserer Leistungs-, Schönheits-, Schlankheits- und Konsumgesellschaft hinterherzuhecheln. Wenn Sie sich in diesen Schilderungen wiederfinden, dann rate ich Ihnen, sich eher mit der freundlichen Selbstannahme zu beschäftigen. Übersteigerte Selbstoptimierung mündet häufig in noch mehr Verunsicherung, noch mehr Künstlichkeit und Entfremdung. Der Griff zu immer weiteren und immer abstruseren Produkten der Selbstoptimierungsindustrie ist häufig die Folge. Das ist ein fataler Teufelskreis, von dem allenfalls Schönheitschirurgen und die Pharmaindustrie profitieren. Diese Art der Selbstoptimierung führt nicht zu mehr Sicherheit und Selbstakzeptanz. Und auch nicht zu mehr Zufriedenheit.

Ich würde mir wünschen, dass die fünf Schritte der Micro Habits an dieser Stelle eine subversive Wirkung entfalten: Stehen Sie zu sich selbst, zu der krummen Nase, dem kleinen Penis oder Busen, dem dicken Bauch oder Po, den Falten auf der Stirn. So wie Sie jetzt sind, sind Sie wertvoll und genau richtig. In der Selbstannahme liegt Ihre natürliche Schönheit. Mit Menschen, die zu sich selbst stehen, ist der Kontakt oft sehr einfach und selbstverständlich. Stehen Sie zu Ihren eigenen Werten und engagieren Sie sich in einer fürsorglichen Weise für sich und andere. Kämpfen Sie nicht gegen Realitäten an, die ganz natürlich zum Leben dazugehören, wie Alter, Tod oder andere gesundheitliche Einschränkungen, die jedes normale Leben irgendwann kennzeichnen. Machen Sie nicht Ihren Körper zum Gegner und zum Optimierungsobjekt, um bei irgendwelchen Wettbewerben dabei zu sein. Anstrengend und gefährlich wird es, wenn unser Selbst und unser Selbstwert auf dem Spiel stehen. Sie können Fähigkeiten und Gewohnheiten optimieren, aber nicht Ihr Selbst. Denken Sie immer wieder daran: So wic Sie gerade hier sitzen, sind Sie in diesem Moment völlig in Ordnung. Das ist die Basis für alles, für jedes Verhalten und jede neue Gewohnheit, die Sie etablieren wollen.

Mit den fünf Micro-Habits-Schritten hinein in ein neues Lebensgefühl

Wenn Sie den Ablauf der fünf Schritte mit der Zeit verinnerlicht haben, werden Sie ihn spontan und intuitiv auf ganz verschiedene Lebensbereiche und Lebensgewohnheiten anwenden können. Neue Automatismen werden entstehen, und Sie benötigen nur noch wenig Energie, um dranzubleiben.

Während Sie sich mit diesem Buch beschäftigen, können Sie sich gleich in einem Lebensbereich eine wertgeschätzte Gewohnheit vornehmen oder auch eine lästige, die Sie loswerden möchten. Es gibt eine Vielzahl von Untersuchungen, die zeigen: Wenn wir in einem Bereich engagiert unsere Ziele verfolgen und mehr Selbstdisziplin aufbringen, dann wirkt sich das auch auf andere Lebensbereiche aus. Ob Sie Ihre Fitness trainieren wollen, Achtsamkeit kultivieren, das Rauchen beenden, eine Fremdsprache lernen oder Ordnung im Haushalt schaffen wollen – die fünf Micro-Habit-Schritte machen es leicht. Sie bringen Ihrem Gehirn damit bei, sich an Ihren Werten und Zielen zu orientieren und ablenkenden Impulsen zu widerstehen. Werte und Ziele werden für Sie mit der Zeit die Orientierungsgröße, und die Widerstandskräfte gegen Verlockungen werden stärker. Wenn Ihr Gehirn diese Strategie einmal gelernt hat, kann es sie auch ganz leicht auf weitere Lebensbereiche übertragen.

Das Micro-Habit-Script

Zum Abschluss dieses Kapitels möchte ich Ihnen ein Script vorstellen, mit dem Sie sich die fünf Schritte immer neu vergegenwärtigen können. Lassen Sie es mich zunächst an meinem eigenen Beispiel erläutern.

Aufgrund meiner sitzenden Tätigkeit hatte ich in der Vergangenheit zunehmend Rückenbeschwerden, ich fühlte mich unwohl und meine körperliche Fitness nahm deutlich ab. Ich hatte mir oft vorgenommen, mich mehr zu bewegen, allerdings wollte mir das nicht so ganz gelingen, im Alltag als voll Berufstätiger und Familienvater schien das unmöglich. Ich stellte jedoch fest, dass es mir mit kleinen Schritten sehr wohl möglich war, eine Gewohnheit in meinem Alltag zu etablieren, die ich nicht mehr missen möchte. (Auch wenn ich gerade faul auf dem Sofa liege und nicht zum Laufen gehen werde, weil es draußen achtunddreißig Grad heiß ist. Für das heiße Wetter muss ich noch einen neuen Wenn-dann-Plan etablieren.)

Mit dem folgenden Plan nutzte ich die fünf Micro-Habit-Schritte und war erfolgreich:

Micro-Habit-Schritt 1: **M**erken – Was geschieht tatsächlich?	Zu wenig Bewegung, Neigung zum Zunehmen, Rückenschmerzen.
M**i**cro-Habit-Schritt 2: **I**ntention finden – Was ist mir wirklich wichtig? Welche Gewohnheit will ich etablieren?	Wohlgefühl und gute Gesundheit. Mehr körperliche Bewegung im Alltag. Jeden oder jeden zweiten Tag eine Runde joggen.
Mi**c**ro-Habit-Schritt 3: **C**omplicationen managen – Wie kann ich die Schwierigkeiten auf dem Weg überwinden?	Meine Schwierigkeiten: viele Aufgaben und der Eindruck, für Bewegung und Laufen keine Zeit zu haben. Klare Analyse der Fakten tut not.

Micro-Habit-Schritt 4a: **R**outine aufbauen – Selbstmotivation	Wohlbefinden beim Laufen, körperliche Fitness spüren.
Micro-Habit-Schritt 4b: **R**outine aufbauen – Umweltkontrolle	Pausen, Terminabsagen und Lücken im Arbeitsalltag nutzen. Laufschuhe und Sportbekleidung an meinem Arbeitsplatz, sichtbar und schnell verfügbar.
Micro-Habit-Schritt 4c: **R**outine aufbauen – Verhalten planen	Auslöser: Wenn Terminabsage oder Pause, dann Laufschuhe anziehen und eine Runde drehen im nahe gelegenen Wald. Schwierigkeit: Wenn mich häufige Reisetätigkeit und Hotelübernachtungen aus dem Rhythmus bringen, dann suche ich die Hotels nach den Sport- und Bewegungsmöglichkeiten aus (Haben sie Sportplatz, Schwimmbad, Wald oder Fitnessstudio in der Nähe?). Wenn die Lustlosigkeit stark ist, dann erinnere ich mich daran, was für ein schönes Gefühl und Wohlbefinden sich nach zwanzig Minuten Bewegung im Wald an der frischen Luft einstellt.
Micro-Habit-Schritt 4d: **R**outine aufbauen – wertorientierte Belohnungen	Wohlbefinden beim Laufen spüren, Zufriedenheit. Nach dem Lauf ein alkoholfreies Weizen. Kann es stolz meiner Frau berichten. Langfristig: körperliche Fitness, keine Rückenschmerzen, deutliche Steigerung des allgemeinen Wohlbefindens.

Micr**o**-Habit-Schritt 5: **O**hne Vorwurf – sich selbst ein guter Coach sein	Ich erinnere mich während und nach dem Laufen oft daran, dass ich das Privileg habe, in einem gesunden Körper durch die Natur laufen zu können. Ich frage mich oft im Voraus: Wann bestehen in den nächsten Tagen die Lücken im Kalender und die Gelegenheiten zum Laufen?

Ihr Micro-Habit-Script

Bilden Sie Gewohnheiten für ein wichtiges Ziel, das Sie in den nächsten drei bis sechs Monaten erreichen wollen. Wenn Sie ein Verhalten über die Zeit etabliert haben, ist es der nächste Schritt, daraus eine langfristige Gewohnheit zu etablieren.

Micro-Habit-Schritt 1: **M**erken – Was geschieht tatsächlich?	Welche Gewohnheiten habe ich aktuell? Gibt es eine konkrete Gewohnheit, die ich ändern will?
M**i**cro-Habit-Schritt 2: **I**ntention finden – Was ist mir wirklich wichtig? Welche Gewohnheit will ich etablieren?	Was sind meine Werte und Ziele in diesem Lebensbereich?

Mi**c**ro-Habit-Schritt 3: **C**omplicationen managen – Wie kann ich die Schwierigkeiten auf dem Weg überwinden?	Welche Hindernisse gibt es auf dem Weg zu meinem Ziel? Was könnte schiefgehen? Und wie will ich damit umgehen?
Mic**r**o-Habit-Schritt 4a: **R**outine aufbauen – Selbstmotivation	Was ist das Schönste daran, wenn ich das Ziel erreiche? Welche schlimmen Konsequenzen können eintreten, wenn sich das negative Verhalten fortsetzt?
Mic**r**o-Habit-Schritt 4b: **R**outine aufbauen – Umweltkontrolle	Welche günstigen Umweltbedingungen kann ich schaffen? Wie kann ich Auslöser für schwierige Habits verschwinden lassen? Was können hilfreiche Auslöser für neue Gewohnheiten im realen Leben sein?

Mic**r**o-Habit-Schritt 4c: **R**outine aufbauen – Verhalten planen	Auslöser: Wenn … dann … Schwierigkeit: Wenn … dann … Gelegenheiten nutzen, Ausnahmen zulassen: Wenn … dann …
Mic**r**o-Habit-Schritt 4d: **R**outine aufbauen – wertorientierte Belohnungen	Kurzfristig: Langfristig:
Micr**o**-Habit-Schritt 5: **O**hne Vorwurf – sich selbst ein guter Coach sein	Erinnerungshilfen für meine Selbstfreundlichkeit:

MIT DEN RICHTIGEN MICRO HABITS DAS LEBEN VERWANDELN

In den vergangen Jahren ist unser Garten vor dem Haus ziemlich verwildert. Viele Pflanzen haben sich intensiv ausgebreitet und andere verdrängt. Außer Rasenmähen habe ich nicht mehr viel auf die Reihe bekommen und war damit nicht sehr zufrieden. In diesem Frühjahr habe ich deshalb einen Gärtner gebeten, mich dabei zu unterstützten, den Garten wieder in Ordnung zu bringen und mir Tipps und Ratschläge zu geben, wann ich welche Büsche am besten schneide. Ich erfuhr zum Beispiel, dass man den Flieder nach der Blüte, also im Sommer, schneidet, die Clematis eher nach dem Winter und dass man aus Giersch Salat machen kann. Mit solchen Tipps und Tricks konnte ich eine Vorstellung davon entwickeln, wie ich meinen Garten zukünftig pflegen und gestalten werde. Es macht mir seither richtig Spaß. Endlich habe ich das nötige Wissen und einen Plan, den Garten so zu gestalten, wie ich mir das vorstelle.

Während ich an diesem Buch schrieb, kam zwischendurch immer mal wieder der Gärtner, und wir unterhielten uns über einzelne Pflanzen, was die Bienen mögen und wie man das Unkraut zwischen den Wegplatten am besten beseitigt. Immer wieder vermischten sich für mich die Themen Gartengestaltung und Lebensgewohnheiten. Ich entdeckte interessante Parallelen und vielleicht wollen Sie sich für einen Moment auf diese gedankliche Vermengung einlassen. Ja?

Dann stellen Sie sich bitte einmal vor, Ihr Leben sei wie ein Garten. Es gibt Bereiche darin, die Sie so gestaltet haben, wie Sie es sich wünschen. Dort blüht, duftet und fruchtet es ganz nach Ihrem Geschmack. Es gibt aber vielleicht auch einige Bereiche, da haben Brombeerranken, Efeu und viel Unkraut die Oberhand gewonnen. Wie wild wuchernde Pflanzen haben sich dort Gewohnheiten verselbstständigt. Sie laufen automatisch ab und führen Sie weg von Ihren Werten und Zielen oder sind sogar zu Ihrem Schaden. Wie verwilderte Bereiche im Garten sind das Lebensfelder, die sie am liebsten ignorieren. Sie schauen nur selten hin und wenn, dann ärgern Sie sich. Doch sie sind da. Und jedes Mal, wenn Sie der ungeliebten Gewohnheit folgen, wässern und stärken Sie dieses Unkraut. Wenn Sie es hingegen schaffen, eine Gewohnheit zu stoppen, dann trocknen Sie diesen Bereich ihres Gartens aus, und das Unkraut verdorrt. Nach und nach können sie dann genau die Pflanzen anbauen, die Sie möchten. Und immer, wenn Sie einer wertgeschätzten Gewohnheit nachgehen, ist das wie ein Gießen und Düngen dieser Pflanzen.

In unserem Leben ist es tatsächlich ein bisschen wie beim Gärtnern. Und so, wie ich mir die Unterstützung eines Gärtners geholt habe, um in meinem Garten erst einmal klar Schiff zu machen, so braucht man auch manchmal bei den Lebensgewohnheiten die Unterstützung von Experten. Mit diesem Buch haben Sie sich bereits Unterstützung geholt. Wenn die Gewohnheiten allerdings sogar schon dazu geführt haben, dass man krank geworden ist, eine Suchterkrankung, eine Angststörung oder Depression entwickelt hat, dann ist es empfehlenswert, eine Beratung oder Psychotherapie zu nutzen, um den Garten des Lebens wieder urbar und rundum lebenswert zu machen.

Egal ob mit oder ohne Unterstützung von anderen Personen, die Verantwortung für die Gestaltung unseres Lebensgartens liegt bei uns selbst. Wenn wir uns dieser Verantwortung stellen, dann ist es wichtig, nicht an allen Ecken und Enden gleichzeitig anzufangen, sondern einen Bereich auszuwählen, der uns wirklich unter den Nägeln brennt. Es kann dabei um eine Gewohnheit gehen, die Sie stoppen wollen, weil Sie bemerken, dass sie Ihnen viel Zeit und Energie raubt, oder vielleicht hat sich beim Lesen dieses Buches etwas für Sie als ganz wichtig herausgestellt, das Sie endlich neu gestalten und umsetzen wollen.

In diesem abschließenden Kapitel möchte ich Ihnen noch einige Anregungen geben, in welchen Lebensbereichen Gewohnheiten eine wichtige Rolle spielen und wie Sie durch Micro Habits auch diese Eckchen Ihres Lebensgartens so gestalten lernen, wie es Ihrem inneren Kompass entspricht. Fühlen Sie sich dabei bitte frei, und prüfen Sie immer wieder, wo es in Ihnen eine Resonanz gibt, die Ihnen zeigt, dass ein bestimmter Bereich für Sie wichtig ist. Und seien Sie geduldig mit sich selbst, nehmen Sie sich eine Gewohnheit nach der anderen vor und nutzen Sie die Micro-Habits-Schritte. Diese fünf Schritte werden Ihnen bald in Fleisch und Blut übergegangen sein und dann können es lebenslang Ihre Freunde bei der Lebensgestaltung sein. Unkraut oder Rosen – Sie bestimmen, was in Ihrem Leben gedeiht.

Tech Habits – Gefahr oder Segen?

Beginnen möchte ich mit einem Bereich, der sich in den letzten Jahrzehnten extrem stark verändert hat. Es geht um unsere Nutzung von Technik, von technischen Geräten und insbesondere um den ganzen Bereich der digitalen Welt. Hier kann man sehen, dass sich Gewohnheiten innerhalb kürzester Zeit komplett verändern können. Oder hätten Sie sich vor zwanzig Jahren vorstellen können, dass der Großteil der Menschen täglich viele Stunden auf kleine Bildschirme schaut, und das freiwillig? Irgendetwas haben die kleinen Geräte, ohne die die meisten von uns mittlerweile gar nicht mehr können, was uns rasend schnell zur Gewohnheit wird. Innerhalb weniger Jahre sind wir dahin gekommen, schon wieder über Gegenbewegungen nachzudenken, weil uns die Gewohnheiten, die wir bei Smartphone und Co. entwickelt haben, wirklich nicht mehr nur guttun.

Allerlei Ablenkungen

Und es geht schon in ganz jungen Jahren los. Ich war sehr verwundert, als ich einen Elternabend im Kindergarten besuchte, der zur Vorbereitung auf die Grundschule diente. Das Thema lautete nämlich: Das Smartphone in der Grundschule. Ich war sehr überrascht, dass dies bereits in diesem Alter eine so große Rolle spielt. Ja, es hatte tatsächlich eine hohe Relevanz, da viele Erst- und Zweitklässler gut mit Smartphones und Tablets ausgestattet waren und diese mit in die Schule brachten. Es fand regelmäßig Rudelbildung auf den Toiletten statt.

Ich war ein paar Jahre später sehr erleichtert, als die weiterführende Schule einfach ein Handyverbot verhängte und gleichzeitig darum bemüht war, PC-Kenntnisse und eine kritische Medienkompetenz zu vermitteln. Sobald ein Schüler damit auf dem Schulgelände erwischt wird, wird es für eine Woche eingezogen.

Was allerdings auch in meiner Familie mit zwei Söhnen und überhaupt in unserer Gesellschaft unvermeidlich ist, ist die Auseinandersetzung mit Gewohnheiten, die Jung und Alt in kürzester Zeit um neue Technologien herum bilden. Sozialpsychologen sprechen von Tech Habits, das sind Gewohnheiten, die sich durch die Nutzung von Technologien und Geräten wie Tablets, Spielkonsolen, Smartphones und Computern bilden. Sie verändern unsere Umwelt und sind Auslöser für unser Verhalten. Sie versprechen viele verführerische Belohnungen – genau deshalb sind sie mit ihren bunten Bildern, Emoticons und Filmchen so erfolgreich. Wir laufen hier extrem schnell Gefahr, exzessive Verhaltensgewohnheiten zu bilden, die mehr Einfluss auf unser Leben haben, als uns lieb ist.

An dieser Stelle geht es mir nicht um eine Bewertung der Technik, aus dieser Diskussion würde ich mich gern heraushalten. Es lohnt allerdings sehr, sich die eigenen Nutzungsgewohnheiten bewusst zu machen und zu prüfen, ob sie den eigenen Werten und Zielen entsprechen. Es geht darum, eine Medienkompetenz zu entwickeln, bei der wir die funktionalen Vorteile von Smartphone, Internet & Co beruflich und privat nutzen lernen, ohne einen hohen sozialen und psychischen Preis dafür zu zahlen.

Lassen Sie mich einige Auswirkungen des Smartphones verdeutlichen, das seit 2007 auf dem Markt ist. Für viele Menschen heute ist das Smartphone der Kommunikationskanal schlechthin, die Verbindung zu anderen Menschen und zur Welt. Außerdem ist es eine überall einsatzfähige Informationsquelle. Die meisten technischen Geräte haben einen Ort, an dem sie stehen. Das Smartphone hingegen begleitet uns überall hin. Es ist immer wieder beeindruckend, wie präsent es an der S-Bahn-Haltestelle, im Restaurant, im Wartezimmer beim Arzt, aber auch während Gesprächen mit Freunden und Klienten ist.

Unbestritten ist mittlerweile, dass genau das viele Nachteile hat. Forscher haben bereits zahlreiche Untersuchungen darüber angestellt, wie sich diese Allgegenwart des Smartphones auf uns Menschen auswirkt. Interessant finde ich ganz besonders, dass allein die Präsenz von ausgeschalteten Smartphones genügt, um unsere Aufmerksamkeit zu binden und die Leistung unseres Arbeitsgedächtnisses zu verkleinern. Probanden konnten bestimmte Tests und Aufgaben umso schlechter lösen, je näher das Smartphone bei ihnen lag, zum Beispiel auf dem Schreibtisch oder in der Tasche. Sobald das Gerät in einem anderen Raum lag und damit außer Sichtweite war, verbesserten sich die Testergebnisse deutlich.

Die Versuchsteilnehmer wurden hinterher gefragt, wie oft sie während des Tests an ihr Smartphone gedacht hätten. Die meisten Teilnehmer beantworteten diese Frage mit »gar nicht«. Das heißt, die Teilnehmer waren sich in keiner Weise über die kognitive Beeinträchtigung bewusst, die von ihrem Smartphone ausging. Das ist verrückt, oder? Das Gerät braucht nicht einmal klingeln, brummen oder sonstige Geräusche machen. Allein die Gegenwart des ausgeschalteten Gerätes bindet mentale Kapazität und beeinträchtigt unsere Gedächtnisleistungen. Wir haben im Umgang mit dem Smartphone hoch automatisierte Gewohnheiten gebildet, die uns nicht mehr bewusst sind. Viele Wissenschaftler empfehlen mittlerweile im Umgang mit Smartphone & Co. eine aufmerksame Umweltkontrolle. Das heißt ganz einfach: das Smartphone weit weg platzieren. Um konzentriert zu arbeiten oder ein gutes Gespräch zu führen, ist es für unser Gehirn einfacher, sich zu konzentrieren, wenn sich das Smartphone in einem anderen Raum befindet.

Die soziale Seite

Essen mit der Familie ist ein weiteres Feld, auf dem sich unsere Alltagsgewohnheiten durch die neueste Technik extrem stark verändert haben. Ich glaube, es lohnt sich, diesen Lebensbereich einmal genauer zu betrachten. Denn das gemeinsame Essen dient nicht zuletzt der Begegnung und der Kommunikation, manchmal ist es die einzige Zeit am Tag, zu der sich alle Familienmitglieder sehen.

In einer Studie an 300 Familien und 450 Kindern verwendeten 40 Prozent der Kinder und 70 Prozent der Erwachsenen digitale Endgeräte wie Tablet oder Smartphones während dieser Zeit. In einer anderen Studie fiel auf, dass Konflikte am Tisch auch häufig dadurch entstanden, dass Kinder laut wurden oder auffälliges Verhalten zeigten, um die Aufmerksamkeit der Eltern zu bekommen, die auf ihrem Smartphone herumwischten oder -tippten. Daran zeigt sich sehr deutlich, wie stark sich Bildschirme zwischen den direkten Kontakt mit unseren liebsten Menschen schieben. Und sie lenken uns auch hier ganz einfach ab. Wir kommunizieren weniger miteinander, wir ermuntern unsere Kinder und Partner weniger, wir sind schlechtere Zuhörer. Kinder wachsen heute in einer Welt auf, die noch nie zuvor so stark von technischen Geräten bestimmt war. Welche Wirkungen dies auf Bindungen, menschliche Reifung und Entwicklung hat, können wir noch nicht abschätzen.

Tech Habits auf dem Prüfstand

Es lohnt sich, innezuhalten und sich zu fragen: Was ist mir wichtig? Welche Kultur und welche Gewohnheiten möchte ich mit mir selbst und in meiner Familie, mit meinem Partner pflegen? In vielen Familien ist es eine goldene Regel: keine Bildschirme am Esstisch. Machen Sie die Nutzung digitaler Endgeräte zu einer bewussten Entscheidung, ansonsten überwuchern diese Gewohnheiten Ihren Lebensgarten in Windeseile wie Unkraut. Ihre Konzentration leidet, und die Menschen, die Ihnen eigentlich wichtig sind, bekommen nicht mehr Ihre volle Aufmerksamkeit und Zuwendung. Gehen wir die einzelnen Micro-Habit-Schritte durch.

Micro-Habit-Schritt 1: Merken. Notieren Sie Ihre Nutzungszeiten, führen Sie ein Internettagebuch. Die Zeit vor dem Rechner vergeht oft viel schneller, als man denkt.

Micro-Habit-Schritt 2: Intention finden. Prüfen Sie genau, wie Sie den PC nutzen wollen. Er ist ein sehr nützliches Arbeitsgerät. Für welche Arbeitsabläufe benötigen Sie ihn wirklich? Ebenso das Smartphone. Erinnern Sie sich auch an das, was Ihnen wichtig ist im realen Leben: Partnerschaft, Freundschaften, Hobbys. Sie haben nur ein Leben, wollen Sie die meiste Zeit davon online verbringen?

Micro-Habit-Schritt 3: Complicationen managen: Welche Schwierigkeiten treten bei der Nutzung auf? Seien Sie ehrlich. Entwickeln Sie ein Frühwarnzeichen-Modell. Welche Spiele, welche Aktivitäten haben Sie in der Vergangenheit in Probleme gebracht? Wann beginnt für Sie die exzessive Nutzung? Gibt es dafür bestimmte Zeitfenster, vielleicht der Abend oder das Wochenende? Entdecken Sie früh die Warnzeichen für Rückfälle in die exzessive Gewohnheit.

Micro-Habit-Schritt 4: Routine aufbauen. Tech Habits lassen sich am leichtesten durch Umweltkontrolle in den Griff bekommen. Setzen Sie sich selbst und eventuell auch Ihren Kindern klare Regeln und Nutzungszeiten, und erinnern Sie sich daran: Wenn das Gerät für eine bestimmte Zeit aus dem Auge ist, dann ist es auch aus dem Sinn.

Nutzen Sie soziale Unterstützung, sprechen Sie mit anderen über ihre Gewohnheiten der Spiele oder Internetnutzung.

Entwickeln Sie konkrete Wenn-dann-Pläne für die Techniknutzung. Sie können diese Pläne auch von einem Administrator (einer Person Ihres Vertrauens) festlegen lassen. Sie können

Programme sperren, eine Kindersicherung einbauen und Zeiten festlegen, wie lange Sie pro Tag im Internet surfen dürfen. Sie können auch als Administrator die Nutzungszeiten Ihrer Kinder festlegen und kontrollieren.

Schreiben Sie sich Ihre Ziele auf und führen Sie sich die negativen Konsequenzen des Spielens möglichst deutlich vor Augen. Welcher langfristige Schaden entsteht? Wie wirkt es sich aus auf Arbeit, Studium, Schule, Freundschaften? Welchen Schaden haben Sie in der Vergangenheit bereits erlebt?

Micro-Habit-Schritt 5: Ohne Vorwurf. Sorgen Sie gut für sich. Nehmen Sie sich die Zeit, sich digitale Kompetenzen zu erwerben und Exzesse zu vermeiden. Bindung statt Bildschirm könnte die Losung lauten – und sie macht bestimmt zufriedener, als wenn Sie es umgekehrt halten.

Spüren Sie intensiv die Verbindung zu Ihren Mitmenschen, wenn Sie sich ganz bewusst ohne Ablenkung auf sie einlassen. Wenn Sie am Arbeitsplatz bereits viel Zeit vor dem Rechner verbringen, entdecken Sie in Ihrer Freizeit wieder den direkten, sinnlichen Kontakt. Das kann Ihnen helfen, immer seltener von Smartphone oder Tablet absorbiert zu werden.

Micro-Habit-Script für Tech Habits

Micro-Habit-Schritt 1: **M**erken – Was geschieht tatsächlich?	Welche Gewohnheiten habe ich aktuell? Gibt es eine konkrete Gewohnheit, die ich ändern will?
M**i**cro-Habit-Schritt 2: **I**ntention finden – Was ist mir wirklich wichtig? Welche Gewohnheit will ich etablieren?	Was sind meine Werte und Ziele in diesem Lebensbereich?
Mi**c**ro-Habit-Schritt 3: **C**omplicationen managen – Wie kann ich die Schwierigkeiten auf dem Weg überwinden?	Welche Hindernisse gibt es auf dem Weg zu meinem Ziel? Was könnte schiefgehen? Und wie will ich damit umgehen?
Mic**r**o-Habit-Schritt 4a: **R**outine aufbauen – Selbstmotivation	Was ist das Schönste daran, wenn ich das Ziel erreiche? Welche schlimmen Konsequenzen können eintreten, wenn sich das negative Verhalten fortsetzt?

Mic**r**o-Habit-Schritt 4b: **R**outine aufbauen – Umweltkontrolle	Welche günstigen Umweltbedingungen kann ich schaffen – durch räumliche Distanz, Offlinezeiten, Absprachen mit einer vertrauten Person? Will ich mir einen kontrollierten Zugang erlauben, vielleicht Seiten sperren? Wie kann ich Auslöser für Tech Habits verschwinden lassen? Was können hilfreiche Auslöser für neue Gewohnheiten im realen Leben sein?
Mic**r**o-Habit-Schritt 4c: **R**outine aufbauen – Verhalten planen	Auslöser: Wenn … dann … Schwierigkeit: Wenn … dann …

	Gelegenheiten nutzen, Ausnahmen zulassen: Wenn … dann …
Micro-Habit-Schritt 4d: **R**outine aufbauen – wertorientierte Belohnungen	Kurzfristig: Langfristig:
Micro-Habit-Schritt 5: **O**hne Vorwurf – sich selbst ein guter Coach sein	Erinnerungshilfen für meine Selbstfreundlichkeit:

Es wird auch Ihre Leistungsfähigkeit erhalten oder steigern, wenn Sie sich bewusst um Ihre Tech Habits kümmern. Um diesen ganzen Bereich von Arbeit und Leistungsfähigkeit soll es jetzt gehen – er ist enorm beeinträchtigt, wenn wir immer nur auf der Ebene oberflächlicher Reize und kurzfristiger Belohnungen bleiben. Gute Gewohnheiten sind also auch dort sehr wichtig.

Lebensbereich Arbeit und Leistung

Ich bin selbst erstaunt darüber, dass ich Bücher schreibe. Ich hatte nie in meinem Leben die Überzeugung, gut schreiben zu können. In der Grundschule hat mich meine Klassenlehrerin in den Deutsch-Stützkurs geschickt, der für die Kinder bestimmt war, die sich mit Rechtschreibung schwertun. Ich habe erst spät angefangen, Bücher zu lesen, doch irgendwann habe ich ein Interesse für Sprache entwickelt. Gern hätte ich einmal als Journalist bei einer Zeitung gearbeitet, gern hätte ich das Handwerk des Schreibens von der Pike auf gelernt. Beides habe ich nie getan. Doch ich schreibe. Ich tu es einfach. Seit mehr als zwanzig Jahren schreibe ich nun immer wieder Artikel, Fachliteratur und Selbsthilfebücher. Und bei jedem Text, den ich schreibe, lerne ich ein wenig dazu. Die Texte werden klarer und unkomplizierter. Vor allem meine Bücher für ein breiteres Publikum und interessierte Laien sind für mich sehr schöne Gelegenheiten, um mich intensiver mit meinen Herzensthemen zu befassen. Ich tauche tief in diese Themen ein, recherchiere und denke nach, um sie dann bestmöglich in Buchform aufzubereiten. Ich erlebe es als ein besonderes Privileg, dies tun zu dürfen. Und wenn es mir dann noch gelingt, meine eigenen Aha-Erlebnisse in eine einfache, verständliche Sprache zu bringen, dann bin ich glücklich. Es freut mich sehr, wenn es mir gelingt, mich immer noch besser auszudrücken. Und ganz besonders schön ist es, wenn mir Rückmeldungen von Lesenden zeigen, dass meine Anregungen in irgendeiner Form hilfreich und nützlich sind.

Ohne mir dessen bewusst zu sein, habe ich über die Jahre das entwickelt, was Carol Dweck als dynamisches Selbstbild bezeichnet. Ein dynamisches Selbstbild zeichnet sich nicht vorrangig durch die Überzeugung aus, über besondere Eigenschaften oder Talente zu verfügen, sondern eher durch Einsatz und Engagement, durch den Willen, sich zu entwickeln, an einer Aufgabe zu reifen, aus Fehlern zu lernen und Schwierigkeiten als Herausforderungen zu nehmen. Der Prozess ist wichtiger als das Ergebnis. Liebe, Freude und Interesse sind die treibenden Kräfte, das Ergebnis oder der mögliche Erfolg ist eher Nebensache.

Bei einem statischen Selbstbild steht das Talent im Vordergrund: Entweder wir haben die für ein Ergebnis notwendige Eigenschaft oder wir haben sie nicht. Das Ergebnis zählt, auf den Erfolg kommt es an. Mit jedem Erfolg steigt das Selbstwertgefühl, Misserfolge allerdings sind gefährlich. Sie werden als Versagen gedeutet und das Ego steht auf dem Spiel.

Carol Dweck konnte in ihren Studien zeigen, dass ein dynamisches Selbstbild eher zu großartigen Leistungen beiträgt als ein statisches. Wenn ich beim Schreiben ein dynamisches Selbstbild habe, gehe ich davon aus, dass ich durch mein Tun Fähigkeiten und Kompetenzen erwerbe. Und wenn Hindernisse und Schwierigkeiten auftreten, weiß ich, dass ich mehr Einsatz bringen muss. Aus Fehlern kann ich lernen.

Wissen Sie noch, welche Schulnoten Sie in der sechsten oder siebten Klasse hatten? Kaum, oder? Damals war es Ihnen wahrscheinlich wichtig, doch heute interessiert es keinen Menschen mehr. Viel wichtiger ist, ob Sie damals gelernt haben, mit Rückschlägen umzugehen und schlechte Noten als Herausforderungen anzusehen. Und dass Sie nicht aufgrund einer schlechten Note den Schluss gezogen haben, dass Sie kein Talent für Mathe oder Englisch haben – das wäre das statische Selbstbild. Doch auch, wenn es damals bei Ihnen eher diese statische Variante gewesen sein sollte: Ein dynamisches Verständnis der eigenen Person können wir in jedem Alter entwickeln. Dabei unterstützt uns auch unsere Erfahrung, denn die Fähigkeiten, die wir im Laufe unseres Lebens entwickeln, zeigen uns, dass das Leben dynamisch ist. Wir sollten uns nicht zu früh festlegen, sondern uns auf den spannenden Prozess der Entwicklung unserer Potenziale einlassen – durch Engagement für das, was uns wertvoll und wichtig ist.

In einigen Bereichen meines Lebens ertappe ich mich nach wie vor dabei, dass ich einem statischen Selbstbild folge. Es dient mir als Ausrede, mich nicht verändern zu müssen, wenn ich sage: »Ich bin halt so.« Doch jedes Selbstbild ist nur ein Bild, so wie die Landkarte nur eine Abbildung der momentanen Realität ist. Unser Selbst, unsere Fähigkeiten und Fertigkeiten sind dynamisch und lebendig.

Gezieltes Üben

In Bezug auf höchst außergewöhnliche Leistungen wird häufig die 10 000-Stunden-Regel erwähnt. Der Kognitionsforscher Anders Ericsson stellte in seinen Studien nämlich fest, dass die besten Violinisten an den Musikhochschulen in Amerika alle mehr als 10 000 Stunden geübt hatten. Wir müssen also 10 000 Stunden Klavier spielen, Basketballkörbe werfen oder Tango tanzen, bevor wir uns zu den Profis zählen können. Vielleicht haben Sie diese Anzahl an Stunden schon in irgendeinem Lebensbereich absolviert, in Ihrem Beruf oder Hobby oder beim Gärtnern.

Ganz so einfach ist es allerdings nicht, zu wirklichen Spitzenleistungen zu kommen. Allein die Gewohnheit in einer bestimmten Tätigkeit genügt noch nicht. Erst ein gezieltes Feedback von einem Trainer, Lehrer oder auch der Kundschaft im Beruf kann dazu führen, dass wir unsere Fähigkeiten immer mehr verfeinern. Laut Ericsson liegt das Geheimnis des Erfolges im »gezielten Üben«, das heißt in der ständigen Verfeinerung und Verbesserung der Bewegungsabläufe, verbunden mit einer fachkundigen Anleitung und ständiger Rückmeldung. Es ist also immer beides notwendig: das intensive Training und die bewusste Korrektur.

Auch der Trainer Andreas Stäbler sagt: »Feedback ist sehr, sehr wichtig! Und es ist eine echte Erfolgsgeschichte bei uns, da Frank von Anfang an immer sehr direkt und vertrauensvoll mit mir kommuniziert hat. Dadurch konnten wir beide sehr viel lernen und uns immer perfekt weiterentwickeln.« Leistungssportler und professionelle Musiker müssen sich Bedingungen schaffen, unter denen sie in einem kontinuierlichen Lern- und Verbesserungsprozess bleiben. Ansonsten besteht die Gefahr, dass sie ihre Fehler wiederholen und wiederholen. Spitzensportler und Musiker lernen also Gewohnheiten, sie überlassen sich aber nicht blind den Automatismen der Gewohnheitsschleife. Sie bleiben wach und aufmerksam, sie korrigieren und optimieren laufend ihr Tun weiter und setzen sich kontinuierlichem Feedback aus.

Als Hobbysportler gehe ich laufen und genieße es, mich dieser Gewohnheit zu überlassen. Ich freue mich daran, dass die Automatismen funktionieren. Ich verwende keinerlei Mühe darauf, meine Laufbewegung zu verbessern. Das was Ericsson »gezieltes Üben« nennt, kommt bei meiner Art, Sport zu treiben, nicht vor. Der Ringer Frank Stäbler könnte so nicht trainieren. Um meine Sportgewohnheiten zu verbessern, bräuchte ich gezielte Rückmeldungen, um neue Gewohnheiten zu bilden und meine Fähigkeiten zu verfeinern. Aber ich will das gar nicht unbedingt. Denn hier kommen wieder die eigenen Werte ins Spiel, mir geht es um mein körperliches Wohlbefinden, ich verfolge beim Sport keine Leistungsziele.

Wenn Sie an einer Ihrer neuen Gewohnheiten so viel Spaß haben, dass Sie Ihre Fähigkeiten in diesem Bereich in Richtung Meisterschaft ausbauen wollen, dann genügen nicht allein Gewohnheiten. Folgen Sie dann am besten den beiden Empfehlungen von Anders Ericsson:

1. Konzentrieren Sie sich voll auf die Fähigkeit, die Sie verbessern, oder das Themengebiet, das Sie beherrschen wollen. Entwickeln

Sie eine fokussierte Aufmerksamkeit, und minimieren Sie für diese Zeiträume alles, was stört oder ablenkt.
2. Sogen Sie für qualifizierte Rückmeldungen. Die kann ein guter Trainer, Coach oder Lehrer geben.

Für manche Bereiche ist es schwierig, eine Rückmeldung zu erhalten. Ich habe zum Beispiel eine Zeit lang Gruppentrainingsprogramme entwickelt. Für mich war dabei vor allem das Feedback der Teilnehmer hilfreich und ein gutes Korrektiv. Doch bis ich den ersten Kurs halten konnte, musste ich mich auf mich selbst verlassen.

Deep Work

Die innere Verfassung, mit der wir am effektivsten sind, ist eine hohe und zugleich entspannte Konzentration. Damit können wir in Deep Work gehen, so bezeichnet der amerikanische Informatikprofessor Cal Newport eine intensive Art des Arbeitens, bei der man seine geistigen Kapazitäten maximal ausschöpft. Wir verfügen über ein Arbeitsgedächtnis mit einer leider nur sehr begrenzten Kapazität. Wir können etwa sieben Einheiten in unserem Gehirn aktiv nutzen und bearbeiten. Neuere Studien gehen eher von vier Einheiten aus – das heißt, wir können uns beispielsweise vier Zahlen oder Fakten auf einmal merken. Unser Arbeitsspeicher ist wirklich sehr begrenzt, und wenn wir müde sind oder unter Stress stehen, ist er besonders störungsanfällig. Müde oder leicht zerstreut können wir noch E-Mails beantworten, Post erledigen oder wir fangen gleich damit an, »nur mal kurz« ein paar YouTube-Filme zu schauen. Komplexe Herausforderungen können wir jetzt nicht mehr lösen. Dazu ist Deep Work erforderlich. Und was könnte hierbei die beste Gewohnheit sein? Sich bewusst Zeiträume für berufliche Aufgaben freizuhalten, die eine hohe Konzentration erfordern. Mit dieser Art des Arbeitens können wir maximale Leistungen erbringen und unser volles Potenzial abrufen.

Das Gegenteil davon bezeichnet Newport als Shallow Work, eine nur oberflächliche Konzentration, mit der wir Routinetätigkeiten abarbeiten, im Internet recherchieren, das Smartphone nutzen und unbemerkt mit unserer Aufmerksamkeit von einer Tätigkeit zur nächsten springen. Je mehr wir uns an diese Form des Arbeitens gewöhnen, desto schwerer fällt uns mit der Zeit der Tiefgang. Um komplexe Themen zu erarbeiten, handwerkliche oder künstlerische Leistungen zu erbringen oder nachhaltige Konzepte oder Firmenideen zu entwickeln, benötigen wir genau diese Fähigkeit, in die Tiefe zu gehen. Dass dies wirklich etwas bewegt und auch nachhaltig ist, zeigt ein prominentes Beispiel: Es wird häufig berichtet, dass Bill Gates als Student 1974 den ersten PC in einer Zeitschrift abgebildet sah. Gates kam auf die Idee, Software für diesen Computer zu entwickeln. Er zog sich für acht Wochen zurück und entwickelte das erste Programm. Der Grundstein für Microsoft wurde in diesen wenigen Wochen gelegt – in echter Deep Work. Er basiert auf der kreativen Idee von Gates, aber auch auf der engagierten Konzentrationsleistung und Umsetzung der Idee, die über Jahrzehnte verfolgt wurde.

Deep-Work-Zeiten etablieren

Es ist sehr empfehlenswert, Rituale zu entwickeln, die Deep Work zur Gewohnheit werden lassen. Vereinbaren Sie am besten gleich feste Deep-Work-Termine mit sich selbst – zum Beispiel jeden Morgen von 9 bis 11 Uhr. Schaffen Sie sich für diese Zeit Rahmenbedingungen, die möglichst wenig Raum für Ablenkungen lassen.

Micro-Habit-Script für vertieftes Arbeiten

Micro-Habit-Schritt 1: Merken – Was geschieht tatsächlich?	Welche Gewohnheiten habe ich aktuell? Gibt es eine konkrete Gewohnheit, die ich ändern will?
Micro-Habit-Schritt 2: Intention finden – Was ist mir wirklich wichtig? Welche Gewohnheit will ich etablieren?	Was sind meine Werte und Ziele in diesem Lebensbereich?
Micro-Habit-Schritt 3: Complicationen managen – Wie kann ich die Schwierigkeiten auf dem Weg überwinden?	Welche Hindernisse gibt es auf dem Weg zu meinem Ziel? Was könnte schiefgehen? Und wie will ich damit umgehen?
Micro-Habit-Schritt 4a: Routine aufbauen – Selbstmotivation	Was ist das Schönste daran, wenn ich das Ziel erreiche? Welche schlimmen Konsequenzen können eintreten, wenn sich das negative Verhalten fortsetzt?

Mic**r**o-Habit-Schritt 4b: **R**outine aufbauen – Umweltkontrolle	Welche günstigen Umweltbedingungen kann ich schaffen? Was können hilfreiche Auslöser für neue Gewohnheiten sein?
Mic**r**o-Habit-Schritt 4c: **R**outine aufbauen – Verhalten planen	Auslöser: Wenn … dann … Schwierigkeit: Wenn … dann … Gelegenheiten nutzen, Ausnahmen zulassen: Wenn … dann …

Micr**o**-Habit-Schritt 4d: **R**outine aufbauen – wertorientierte Belohnungen	Kurzfristig: Langfristig:
Micr**o**-Habit-Schritt 5: **O**hne Vorwurf – sich selbst ein guter Coach sein	Erinnerungshilfen für meine Selbstfreundlichkeit:

Regelmäßige Deep-Work-Zeiten sind übrigens eine Gewohnheit, die sehr freudvoll sein kann. Bei Befragungen geben Menschen meistens an, dass sie sehr zufrieden sind und es als sinnhaft erleben, wenn sie sich konzentriert mit wichtigen Themen beschäftigen oder sich in eine kreative oder handwerkliche Arbeit vertiefen.

Konzentrationsfähigkeit und Aufmerksamkeit werden in einer von Zerstreuung geprägten Arbeitswelt zunehmend zu einem wertvollen Gut. Deep Work hängt eng mit dem Training von Achtsamkeit zusammen. Dabei wird der Aufmerksamkeitsfokus bewusst auf einen begrenzten Wahrnehmungsausschnitt gelenkt, zum Beispiel auf den Atem. Die Achtsamkeitsübung besteht darin, aufmerksam der Bewegung des Atems zu folgen. Für unseren an Abwechslung gewöhnten Geist wird dies rasch langweilig, es tauchen Gedanken an unerledigte Aufgaben oder Telefonate auf, die noch anstehen. Schnell sind wir abgelenkt oder gelangweilt. Die Praxis besteht genau darin, zu bemerken, dass man gedanklich abwandert, und die Aufmerksamkeit sanft wieder zurück zum Atmen zu lenken. Bis zur nächsten gedanklichen Ablenkung.

Durch Achtsamkeitsübungen wird in unserem Gehirn der ACC (anteriore cinguläre Cortex) trainiert. Diese Hirnregion ist zuständig für unsere Selbststeuerung und damit auch für die Kontrolle unserer Gewohnheiten. Mit seiner Hilfe passen wir unser Verhalten flexibel an die Erfordernisse der Situation an. Wenn wir diese Region unseres Gehirns trainiert haben, sind wir weniger ablenkbar. Wir können besser aus unseren Erfahrungen lernen. Durch Achtsamkeitstraining wird gewissermaßen der Aufmerksamkeitsmuskel in unserem Gehirn stetig gestärkt. Uns gelingt es mit der Zeit, länger und schneller immer wieder zu dem Thema oder Objekt zurückzukehren, dem wir unsere Aufmerksamkeit auch wirklich geben wollen. Wir können uns besser unsere automatisch ablaufenden Gewohnheiten bewusst machen, sie unterbrechen und in die gewünschte Richtung lenken. Wir üben eine Schlüsselfähigkeit unseres Geistes – und mit genau der steigen wir bereits in die Micro-Habit-Schritte ein, die Sie aus Teil 2 des Buches kennen.

Lassen Sie mich noch einmal zusammenfassen: Wenn wir etwas häufig wiederholen, dann schaltet unser Gehirn in den Energiesparmodus und bildet Gewohnheiten. Diese können wir durch gezieltes Lernen immer weiter verfeinern und ausbauen – bis hin zur Spitzenleistung. Dazu ist allerdings kontinuierliches Feedback von außen erforderlich. Unser Leistungspotenzial nutzen wir am besten dann, wenn wir Deep Work praktizieren, das heißt, wenn wir mit voller Aufmerksamkeit bei der Sache sind und uns nicht ständig ablenken lassen.

Sie müssen weder Spitzensportler noch Profimusiker werden. Sie können in Ihrer alltäglichen Arbeit die Prinzipien von Engagement und Gewohnheitsbildung, gezieltem Lernen und intensivem Aufmerksamkeitstraining nutzen. Durch einen solchen Arbeitsstil können Sie viel erreichen und Ihre Fähigkeiten voll ausschöpfen. Das macht Sie nicht nur erfolgreich, es ist nebenbei auch sehr befriedigend.

Gewohnheiten spielen wirklich überall im Leben eine Rolle – und je bewusster wir uns unserer Micro Habits sind, desto besser läuft alles. Was uns dabei immer auch beschäftigt, sind unsere Gefühle.

Die Lebenswelt der Gefühle

Jana knallt wutschnaubend die Tür hinter sich zu. »Du Ar…!« Immer wenn sie Streit mit ihrem Freund hat, platzt sie fast vor Wut. Sie fühlt sich dann völlig überrollt von ihren Gefühlen und kann sich nicht mehr kontrollieren. Sie rastet aus und brüllt ihn an. Später schämt sie sich meist für die Ausbrüche.

Janas Partner Markus geht es ganz anders. Er versteht es nie so richtig, warum Jana so schnell wie eine Rakete an die Decke geht. Er denkt viel nach und erlebt kaum Gefühle. Wenn Jana ausflippt, weiß er oft gar nicht, wie er reagieren soll. Er zieht sich dann zurück. Markus ist eher der nüchterne Typ. Ihm fällt es aber auch schwer, selbst seine Gefühle zu erkennen. Janas Gefühlsausbrüche findet er völlig übertrieben, andererseits liebt er Jana mit ihrer Lebendigkeit, Spontaneität und Emotionalität.

Jana und Markus gehen mit ihren Gefühlen sehr unterschiedlich um. Beide haben einen Stil gelernt, der seither automatisch und unbewusst abläuft. Er ist zur Gewohnheit geworden. Der deutsche Emotionsforscher Sven Barnow[17] unterscheidet grob zwischen diesen beiden grundlegenden Stilen der Emotionsregulation:

1. Der emotionale Stil: Wir lassen uns hierbei von unseren Gefühlen leiten. Wir reagieren eher aus dem Bauch heraus. Dieser Stil

ist dann hilfreich, wenn schnell reagiert werden muss, beispielsweise in bedrohlichen Situationen oder wenn eine Situation zu komplex ist, um eine genaue Analyse durchzuführen. Problematisch kann dieser Stil werden, wenn er gewohnheitsmäßig in allen Situationen auftritt und es uns nicht gelingt, unsere Emotionen angemessen zu regulieren. Dann kann es zu aggressivem Verhalten, Impulshandlungen oder starken unkontrollierbaren Angstgefühlen kommen. Menschen, die zu einem emotionalen Stil neigen, erscheinen nach außen eher präsent, wenig verkopft, zeigen eher Mitgefühl mit anderen und das Umfeld fühlt sich eher mit ihnen verbunden.

2. Der kognitive Stil: Menschen, die zu diesem Stil neigen, regulieren ihre Gefühle eher über den Verstand. Sie wirken nüchtern, kühl oder sogar emotionslos. Oft fällt es ihnen schwer, Emotionen bei sich selbst und anderen zu erkennen. Sie neigen dazu, Gefühle zu unterdrücken, sie rationalisieren oder versuchen schnell und aktiv eine Lösung herbeizuführen. Ihnen fällt es schwer, jemanden zu trösten oder auf das eigene Bauchgefühl zu hören. Dieser verkopfte Stil kann dazu führen, dass Gefühle wegreguliert werden. Die Emotionen suchen dann allerdings andere Kanäle, beispielsweise somatische Beschwerden: Der Körper lebt dann aus, was die emotionale Seite nicht kann. Gefühle zu unterdrücken führt langfristig zu einer erhöhten Stresserregung. Emotionale Signale oder auch Frühwarnzeichen für Burn-out oder andere Beschwerden werden kaum wahrgenommen. Sven Barnow konnte auch feststellen, dass Menschen mit einem übermäßig stark ausgeprägten kognitiven Stil ein dreifach erhöhtes Risiko für eine depressive Störung aufweisen.

Jana und Markus haben sich unterschiedliche Stile angewöhnt, mit ihren Emotionen umzugehen. Beide gehören tendenziell zu dem eben beschriebenen Extremformen. Doch es gibt auch Mischformen: Maren beispielsweise hat eher einen emotionalen Stil, aber mit Trauer kann sie gar nicht umgehen, dann fängt sie an zu grübeln und versucht, die Trauergefühle zu unterdrücken. Sven, ein anderes Beispiel, ist ein ziemlich cooler Typ, ihn scheint nichts aus der Ruhe zu bringen. Nur manchmal kippt es, und er brüllt seine Kinder an, nur weil das Skateboard im Gang liegt oder die Jacken nicht aufgehängt sind. Er versteht es selbst manchmal nicht, aber das ist, wie wenn nur noch ein Tropfen gefehlt hat, der das Fass nun zum Überlaufen bringt.

Wie so oft im Leben ist die Mitte der beste Weg – nicht ausschließlich kognitiv und nicht ausschließlich emotional. Auf die Balance kommt es an, auf das Sowohl-als-auch. Es ist wichtig, dass Bauch und Kopf zusammenkommen, dass wir lernen, Gefühle wahrzunehmen und mit ihnen umzugehen.

Gefühle sind für uns aus verschiedenen Gründen sehr wichtig:

- Sie geben uns Signale und Informationen über unsere Bedürfnisse.
- Sie verbinden uns mit unserer Lebendigkeit, Energie und Spontaneität.
- Sie geben uns eine rasche Einschätzung der Situation. Diese Einschätzung muss allerdings nicht immer richtig sein, sie kann auch übertrieben oder verzerrt sein.
- Wenn wir unsere Gefühle klar ausdrücken können, dann weiß unser Umfeld darüber Bescheid, was wir wollen oder nicht wollen.

Unser Umgang mit Gefühlen ist uns meist nicht bewusst. Im Umgang mit ihnen können wir in beide Fallen geraten, dass wir sie entweder vermeiden oder exzessiv, unreguliert von ihnen getrieben oder überrollt werden. Der schon erwähnte Sven Barnow hat herausgearbeitet, dass vor allem Grübeln (man spricht von Rumination), Gefühlsunterdrückung und Vermeidung zu den problematischen Emotionsregulationsstrategien zählen. Und was tun wir gern, um unsere Gefühle zu unterdrücken, zu vermeiden und loszuwerden? Genau: Hier kommen wieder unsere Gewohnheiten ins Spiel. Wir überessen uns, wir naschen, wir rauchen, wir tun alles Mögliche, um das nicht fühlen zu müssen, was in uns los ist. Viele Süchte und exzessive Verhaltensweisen haben nur ein Ziel: Wir möchten das unangenehme Gefühl loswerden, die Langeweile, Einsamkeit oder Angst.

Auch hier gilt es wieder, innezuhalten und zu bemerken, was gerade geschieht. Es geht darum, unsere Gefühle wahrzunehmen und ihnen freundlich zu begegnen. Immer beginnt alles mit Micro-Habit-Schritt 1, dem »Merken«.

Es ist mit unserem Fünf-Schritte-Programm sehr gut möglich, bewusste Strategien zur Emotionsregulation zu kultivieren, die durch Übung bald auch zu positiven Gewohnheiten werden. Im Umgang mit unseren Gefühlen ist es wichtig, eine innere Bereitschaft zu entwickeln, die Gefühle zu erleben und uns mit dieser inneren Lebendigkeit zu verbinden. Dazu noch eine praktische Anregung. Sie klingt vollkommen simpel, ist aber der Königsweg im Umgang mit unseren Gefühlen: Wir gewöhnen uns an, zu fühlen, was da ist, und nichts weiter damit anzustellen (Ich weiß, das ist einfacher gesagt als getan.).

Wenn Sie Ihre Gefühle wahrnehmen und innerlich erleben, sehen Sie viel deutlicher, was Sie gerade brauchen und was Ihnen wichtig ist. Jana wurde beispielsweise deutlich, dass sie meistens dann mit ihren Wutausbrüchen reagierte, wenn sie sich von Markus zu wenig beachtet fühlte. Wenn er wieder die meiste Zeit vor dem PC verbrachte, dann kam es irgendwann zu einer Szene. Sie bemerkte, dass hinter der Wut eigentlich das Bedürfnis nach Kontakt lag, danach, gesehen zu werden.

Was fühlen Sie?

Micro-Habit-Schritt 1 – Merken: Halten Sie einmal inne und spüren Sie in Ihren Körper hinein. Spüren Sie, wie Sie gerade sitzen. Wo sind Ihre Beine und Hände? Wie halten Sie den Rumpf?

Fragen Sie sich nun: »Welche Empfindung ist gerade da? Welches Gefühl benötigt gerade meine Aufmerksamkeit? Erlauben Sie diesem Gefühl, da zu sein und kommen Sie in diesem Moment in Kontakt mit ihrem Erleben.«

Micro-Habit-Schritt 5 – Ohne Vorwurf: Seien Sie freundlich im Umgang mit sich selbst, wie Ihr bester Freund oder eine Person, von der Sie sich angenommen fühlen. Und seien Sie innerlich präsent. Lassen Sie das Gefühl, das Sie gerade wahrnehmen, kommen und gehen. Es will nur gefühlt werden, mehr ist nicht nötig.

Jana entwickelte für sich einen Wenn-dann-Plan: Wenn Markus wieder mit seinem Tablet auf dem Sofa liegt und sie innerlich zu kochen beginnt, dann setzt sie sich neben ihn aufs Sofa und sagt ihm, dass sie sich oft nicht beachtet fühlt, wenn er so viel Zeit vor dem Bildschirm verbringt. Sie erklärt ihm ganz ruhig, was in ihr abläuft: Sie fühlt sich unbeachtet, und irgendwann kann sie es nicht mehr aushalten und platzt, sie bekommt einen Wutanfall.

Jana begann sich und ihre Gefühle besser zu verstehen. Sie bemerkte auch, dass unter der Wut das eigentlich viel wichtigere Gefühl lag: Sie war gekränkt und verletzt. Als sie Markus dies erzählen konnte, hatte er volles Verständnis dafür. Auch er hatte nämlich eigentlich den Wunsch nach mehr Kontakt zu Jana, aber er wusste es nicht so recht, wie er es ausdrücken sollte.

Im Gespräch kamen sie darauf, dass auch Markus mehr ausdrücken könnte, was er empfindet und was er will. Meistens war Jana mit ihrer Emotionalität so dominant, dass Markus gar nicht zum Zuge kam. Sie einigten sich darauf, dass sie sich beide mehr Zeit lassen wollten, sodass Markus seine Bedürfnisse, Gefühle und Wünsche in Ruhe entdecken und dann auch äußern konnte. Und Jana drückte Markus gegenüber ihr Interesse aus: »Wenn du nur in den PC starrst, macht mich das oft einfach wütend und ich fühle mich verletzt. Wenn ich aber weiß, was in dir vorgeht, dann geht es mir viel besser.«

Sie sehen, wie wichtig und verwandelnd es sein kann, wenn wir uns bewusst unseren Gefühlen zuwenden, mit den Nächsten in unserem Leben darüber in einen Austausch gehen und uns nicht einfach von alten Gewohnheiten – sei es das wütende Herumtoben oder das verstimmte Alles-in-sich-Hineinfressen – treiben lassen.

Schauen wir uns nun noch an, was unsere alltäglichen Gewohnheiten nicht nur mit uns selbst, sondern mit der gesamten Menschheit, der Natur und der Erde machen – wenn wir sie unbewusst so weiterlaufen lassen und wenn wir sie aktiv zu steuern beginnen. Der Unterschied kann im wahrsten Sinne des Wortes lebensrettend sein.

Umweltbewusst und nachhaltig

In unserer Familie haben wir unsere Trinkgewohnheiten verändert. Es reichte mir, für eine vierköpfige Familie immer wieder Flaschen vom Einkaufszentrum in die Wohnung zu schleppen und etwas später das Leergut zurückzubringen. Es war, als hätte ich nur die Wahl zwischen einem schlechten Gewissen bei der Plastikflaschenentsorgung oder einem Nase-voll-Gefühl beim Kistenschleppen. Statt Mineralwasser, so beschlossen wir, wurde ab sofort nur noch Leitungswasser getrunken.

Per Zufall entdeckte ich, dass allein diese Veränderung eine CO_2-Reduktion bedeutete, die sich sehen lassen kann. Es gibt Studien über weitere Getränke, und auch sie zeigen, dass Leitungswasser von allen Getränken die geringsten produktspezifischen Treibhausgas-Emissionen aufweist, während die entsprechenden Emissionen von Mineralwasser in derselben Größenordnung liegen wie die von Kaffee und Obstsäften. Deutlich höhere Emissionen haben nach dieser Studie nur noch Bier (etwa doppelt so hoch), Milch (dreifacher Wert) und Wein (vierfacher Wert).

Ökologische Bewusstheit oder träges Immer-so-weiter?

Wenn ich mich mit Freunden und Bekannten unterhalte, höre ich heraus, dass es vielen so geht wie mir: Der Wunsch und der Anspruch, nachhaltiger zu leben, ist weitaus größer als das tatsächliche Verhalten, so wie es sich in den täglichen Gewohnheiten spiegelt. Ihnen allen ist es wichtig, aufgrund des Klimawandels ihren CO_2-Verbrauch zu reduzieren. Die meisten wollen einen nachhaltigen Lebensstil führen und möglichst wenig die Umwelt schädigen. Für die meisten Menschen, die ich kenne, ist dies ein selbstverständlicher Wert geworden, doch im Alltag fehlt oft das konsequente Handeln. Es wird doch wieder das Auto benutzt, weil es einfach bequemer ist, es wird doch die Plastiktüte verwendet, um das Obst nach Hause zu transportieren, oder es wird das Gemüse aus dem Kühlschrank weggeworfen, weil es gammelig geworden ist. Viele Konsumgewohnheiten, die man über Jahre praktiziert hat, werden einfach fortgesetzt. Auf die Flugreise in den Urlaub kann nicht verzichtet werden und so weiter. Vielleicht kennen auch Sie unzählige solcher Beispiele von sich selbst oder anderen, und zu unserer Beruhigung sagen wir vielleicht: Als einzelne Person kann man so oder so nichts bewirken.

Das stimmt aber nicht. Mit jeder unserer Handlungen bewirken wir etwas und mag es noch so klein sein. Es gibt unendlich viele kleine Gewohnheiten, die nachhaltige Wirkungen erzielen. Wenn Sie also zu der wachsenden Zahl von Menschen gehören, die tatsächlich ihren Einsatz für eine Zukunft der Menschheit bringen wollen, dann können Sie die fünf Schritte zur Veränderung Ihrer Micro Habits auch dafür nutzen. Zum Beispiel beim Essen: Wir essen täglich dreimal, das sind einundzwanzig Malzeiten pro Woche und über tausend im Jahr. Bei jeder Mahlzeit treffen wir eine Entscheidung und mit jeder Entscheidung nehmen wir Einfluss und können die Welt ein kleines bisschen verändern.

Hierbei ist natürlich das Thema Fleisch einer der größten Faktoren, nicht nur gesundheitlich, sondern eben auch ökologisch. Ein gesunder und umweltverträglicher Fleischkonsum läge bei zwanzig Kilogramm im Jahr. Der durchschnittliche Fleischkonsum hierzulande liegt jedoch bei sechzig Kilogramm im Jahr. Wegen des importierten Kraftfutters essen wir mit jedem Stück Fleisch ein kleines Stück tropischen Regenwaldes mit, der gerodet werden muss, damit dort Soja für unsere Hühner und Schweine angebaut werden kann. Die Produktion ist durch die Globalisierung kompliziert geworden. Und es stimmt, unser hoher Fleischkonsum zerstört in Südamerika wertvolle Ökosysteme.

Doch wir selbst haben es in der Hand, wie wir damit umgehen möchten. Ich kenne einige Fleischliebhaber, die wieder zum Sonntagsbraten zurückkehren, also Fleisch nur noch zu besonderen Anlässen verzehren und im Alltag versuchen, weitgehend darauf zu verzichten. Interessant fand ich hierbei auch eine Studie des Robert Koch-Institutes, das sich eher mit der Gesundheit der Bevölkerung als mit Nachhaltigkeit beschäftigt und anprangert, dass schon unsere Kinder zu viel Fleisch essen. Durch eine ausgewogenere Ernährung könnten wir also zwei Fliegen mit einer Klappe schlagen: Wir selbst bleiben gesünder und tun damit zusätzlich etwas für die Umwelt.

Landwirtschaft kann auch ohne chemische Spritzmittel, Kunstdünger und sonstige Gifte funktionieren. Genau das zeigen seit Jahrzehnten die Biobauern. Wenn wir Produkte mit einem Bio- oder Demeter-Siegel kaufen, entscheiden wir uns automatisch für weniger Kunstdünger auf den Feldern, weniger Gülle und weniger Spritzmittel, außerdem für mehr Tierwohl. Biologisch erzeugte Produkte enthalten deutlich weniger Restbestände von Chemikalien oder Antibiotika und gleichzeitig sind sie umweltverträglicher produziert worden. Mit der Wahl der Produkte, die wir einkaufen, treffen wir immer eine Entscheidung – und wenn wir wollen, geht diese Entscheidung in Richtung Gesundheit und Ökologie. Wenn diese beiden großen Bereiche auch zu Ihren Zielen und Werten gehören, dann nutzen Sie also die fünf Schritte der Micro-Habit-Veränderung auch in dieser Hinsicht. Sie sorgen auf diese Weise für Ihre Gesundheit und die Ihrer Familie, Sie fördern außerdem die Biobauern, die dafür sorgen, dass es mehr Schmetterlinge und Wildbienen in der Luft und mehr Regenwürmer im Boden gibt. Der Biolandbau setzt nämlich auf die natürlichen Mitarbeiter, die lebenden Organismen in Luft und Boden. Er wirkt also immer auch für die Artenvielfalt und verbraucht außerdem etwa halb so viel Energie wie die herkömmliche Landwirtschaft. Wenn Sie zudem regional einkaufen, reduzieren sich dadurch Transportwege und entsprechende Emissionen.

Der ökologische Fußabdruck

Was mir Kaufentscheidungen erleichtern würde, wäre ein Hinweis auf den Etiketten, welchen CO_2-Verbrauch das Produkt in der Herstellung und beim Transport hatte. So weit ist es leider noch nicht, doch es gibt bereits zahlreiche Apps, mit denen sich die Nachhaltigkeit unterstützen lässt. Sie können sich Ihren ökologischen Fußabdruck im Internet ausrechnen lassen.[18] Diese Informationen können Sie in Ihre Fünf-Schritte-Programme einbauen: Es lohnt sich, auch in diesem Bereich, die Gewohnheiten an die eigenen Werte anzupassen. Wir tun es nicht nur für uns, sondern auch für unsere Kinder und Enkelkinder.

Es ist wirklich Zeit für solche Veränderungen. In einem Streitgespräch zwischen Jugendlichen und Erwachsenen formulierte die Schülerin Luna Renninger: »Ich glaube, Umweltschutz wurde für die ältere Generation irgendwann ein langweiliges Thema: Ja, wir wissen, der Klimawandel wird kommen, bla, bla, bla. Man hat sich daran gewöhnt. Man weiß, dass es scheiße ist, Auto zu fahren oder zu fliegen, aber man macht es trotzdem, weil man sich daran gewöhnt hat. Der Rest wird verdrängt.«[19] Egal, wie alt Sie sind, Sie müssen nicht so weitermachen. Und wenn Sie sich bereits in dieser Hinsicht engagieren, nehmen Sie weitere Gewohnheiten unter die Lupe und entwickeln Sie konkrete Wenn-dann-Pläne. Die Vorteile im Persönlichen und im großen Ganzen sind einfach enorm.

In längeren Zeiträumen denken

»Handle so, dass die Wirkungen deiner Handlung verträglich sind mit der Permanenz echten menschlichen Lebens auf Erden«, schreibt Hans Jonas in seinem Buch *Das Prinzip Verantwortung*. Die Jugend macht es uns heute vor. Sie hat das Thema, spätestens seit »Fridays for Future«, ganz oben auf die Tagesordnung gebracht. Mein achtjähriger Sohn kam letztens aus der Schule mit einem Bild, auf dem ein qualmender Ozeandampfer abgebildet war. Darunter hatte er in großen Buchstaben geschrieben »Wir töten uns selbst.« Ich fragte ihn: »Warum töten wir uns selbst?« Sehr klar antwortete er: »Weil wir zu viel CO_2 produzieren.«

Doch so richtig viel bewegt sich noch nicht in die Gegenrichtung. Das liegt vor allem daran, dass sich die Folgen eines ungesunden Lebenswandels nur sehr schleichend bemerkbar machen. So wie es für den Raucher schwer ist, sich vorzustellen, dass die Zigarette, die er gerade raucht, das Risiko signifikant erhöht, dass er in dreißig oder vierzig Jahren Krebs bekommt, können wir uns erst langsam vorstellen, wie stark sich die Erde durch unser Eingreifen wandelt. Die kurzfristige Bequemlichkeit, der aktuelle Genuss ist für uns sehr viel naheliegender. Das, was in ein paar Jahrzehnten passiert oder auch nur passieren könnte, ist viel zu weit weg. Und die heißen Tage im Sommer reichen noch nicht aus, um dem eigenen Lebensstil und den Gewohnheiten eine neue Richtung zu geben. Mir fehlt oft die Vorstellungskraft, wenn ich versuche, mir die Zukunft meiner Kinder und Enkelkinder vorzustellen. Wie sieht unser Leben 2050 oder 2080 aus?

Es entsteht Unsicherheit, aber vor allem ein Empfinden, dass es dringend notwendig ist, dass Politiker und Unternehmer in langfristigen Perspektiven denken, ökologisch produzieren und für uns Bürger Rahmenbedingungen schaffen, damit es leichter wird, nachhaltig zu leben, einzukaufen, zu reisen und so weiter. Vor allem hoffe ich darauf, dass politische und wirtschaftliche Akteure rasch und mutig handeln und große Schritte tun. Es ist davon auszugehen, dass 2050 zehn Milliarden Menschen die Welt bevölkern, nur eine Revolution nachhaltigen Lebens scheint eine Perspektive für uns und unseren Globus zu sein.

Natürlich genügt es nicht, die Verantwortung auf Politik und Wirtschaft abzuwälzen. Das Engagement, auf politische Entscheidungsträger einzuwirken, ist wichtig, und zugleich können wir auch selbst sehr viel tun. Stichwort: die Macht des Verbrauchers.

Prüfen Sie selbst, was Ihnen wertvoll und wichtig ist. Das alltägliche Tun zählt, darauf kommt es an. Und dieses Tun wird vor allem von unseren Gewohnheiten bestimmt. Je größer der Anteil ökologischer Produkte in unserem Konsum ist, desto mehr Schmetterlinge gibt es im Sommer. Je mehr Insekten in der Luft herumschwirren, weil sie nicht von Ackergiften getötet wurden, desto mehr Vogelgezwitscher können wir hören.

Micro-Habit-Script für Nachhaltigkeit

Micro-Habit-Schritt 1: **M**erken – Was geschieht tatsächlich?	Welche Gewohnheiten habe ich aktuell? Gibt es eine konkrete Gewohnheit, die ich ändern will?
M**i**cro-Habit-Schritt 2: **I**ntention finden – Was ist mir wirklich wichtig? Welche Gewohnheit will ich etablieren?	Was sind meine Werte und Ziele in diesem Lebensbereich?
Mi**c**ro-Habit-Schritt 3: **C**omplicationen managen – Wie kann ich die Schwierigkeiten auf dem Weg überwinden?	Welche Hindernisse gibt es auf dem Weg zu meinem Ziel? Was könnte schiefgehen? Und wie will ich damit umgehen?

Micro-Habit-Schritt 4a: **R**outine aufbauen – Selbstmotivation	Was ist das Schönste daran, wenn ich das Ziel erreiche? Welche schlimmen Konsequenzen können eintreten, wenn sich das negative Verhalten fortsetzt?
Micro-Habit-Schritt 4b: **R**outine aufbauen – Umweltkontrolle	Welche günstigen Umweltbedingungen kann ich schaffen? Was können hilfreiche Auslöser für neue Gewohnheiten sein?
Micro-Habit-Schritt 4c: **R**outine aufbauen – Verhalten planen	Auslöser: Wenn … dann … Schwierigkeit: Wenn … dann …

	Gelegenheiten nutzen, Ausnahmen zulassen: Wenn … dann …
Mic**r**o-Habit-Schritt 4d: **R**outine aufbauen – wertorientierte Belohnungen	Kurzfristig: Langfristig:
Micr**o**-Habit-Schritt 5: **O**hne Vorwurf – sich selbst ein guter Coach sein	Erinnerungshilfen für meine Selbstfreundlichkeit:

Zum Abschluss: Micro Habits freudvoll leben

Ich habe dieses Buch nicht geschrieben, damit Sie schneller, besser und erfolgreicher werden und alle Ihre Traumziele erreichen. Ich wollte kein weiteres Selbstoptimierungsbuch produzieren. Es ist auch kein Buch, durch das Sie ein anderer Mensch werden. Ich verbinde mit diesem Buch eher den Wunsch, dass Sie die Bereiche Ihres Lebens bewusster betrachten, die Ihnen so selbstverständlich geworden sind wie die Tapete an der Wand, die Sie schon lange nicht mehr sehen, weil Sie immer da ist.

Im Unterschied zur Tapete binden Gewohnheiten viel Energie und treffen Entscheidungen über unser Leben auf der Basis unserer Erinnerungen. Unsere Gewohnheiten enthalten all unser Wissen, all unsere Erfahrungen und gelernten Handlungen der Vergangenheit. Wir sollten diesen Schatz der Erfahrungen schätzen. Alles, was wir gelernt haben, hat irgendwann einmal Sinn gemacht. Schätzen Sie sich selbst für das, was Sie an Gewohnheiten haben. Ihr Gehirn hat sie einmal gebildet, weil dieses Verhalten erfolgreich war. Seien Sie verständnisvoll und freundlich mit sich selbst. Diese Haltung der Annahme und Selbstakzeptanz bedeutet allerdings nicht, dass Sie all Ihre Gewohnheiten für gut und richtig heißen sollten. Vor allem dann nicht, wenn Sie sich damit selbst schädigen.

Gewohnheiten zu ändern, das ist vielleicht ein bisschen so, wie wenn man einen Hund erzieht. Man liebt den Hund, aber man ist trotzdem genervt, wenn er jedem Hasen nachjagt und nicht hört. Auch wenn der Hund schlechte Gewohnheiten hat, wir lieben ihn. Genauso sollten wir es mit uns selbst machen – und natürlich auch mit unserem inneren Schweinehund.

Erkenne dich selbst

Am Eingang des Tempels des griechischen Orakels von Delphi war der Spruch eingemeißelt: Erkenne dich selbst. Diese jahrtausendealte Weisheit ist heute vielleicht noch viel bedeutsamer als damals. Unsere Gewohnheiten sind das Ziel mächtiger Weltkonzerne. Es ist wichtig, dies und unser eigenes Handeln zu merken – Micro-Habit-Schritt 1.

Wenn wir selbst unser Leben danach auszurichten lernen, was uns wirklich wichtig ist – Micro-Habit-Schritt 2 –, dann ist es viel schwieriger für andere, unsere Gewohnheiten zu hacken. Es lohnt sich, an den eigenen Werten orientiert zu bleiben. Wir müssen dazu verstehen lernen, wie wir ticken. Durch Micro-Habits lernen Sie sich selbst besser kennen und gewinnen die Kontrolle über Ihre Gewohnheiten zurück. Denn wie Gandhi schon sagte: »Sei du selbst die Veränderung, die du dir wünschst für diese Welt.«

Fangen Sie mit einem Bereich an

Wie nutzen Sie nun am besten all das, was Sie in diesem Buch gelernt haben? Wenn Sie nicht sowieso schon mit dem Fünf-Schritte-Programm begonnen haben, weil Sie es vor lauter Begeisterung gar nicht abwarten konnten, dann empfehle ich Folgendes: Wählen Sie sich einen Bereich Ihres Lebens aus, wo Ihnen eine Veränderung unter den Nägeln brennt. Wenn wir an einem einzigen Punkt ansetzen, hat dies oft Auswirkungen auf andere Bereiche unseres Lebens. Ich erlebe es oft: Wenn Menschen zum Beispiel ihre Bewegungsgewohnheiten verändern, wirkt sich das auf das Wohlbefinden aus und hat auch Einfluss auf die Ernährung, auf die Kommunikation mit anderen, auf das gesamte Lebensgefühl. Oder ein anderes Beispiel:

Ein Kollege hat begonnen, das Nein-Sagen gegenüber den überbordenden Anforderungen seines Vorgesetzten zu üben, und plötzlich gelang es ihm auch an anderen Stellen, Position zu beziehen. Sein Leben wurde deutlich leichter und er kann kraftvoller zu seinen Bedürfnissen stehen. Beginnen Sie also mit einem einzigen Bereich, in dem Sie eine alte Gewohnheit loswerden oder eine neue schaffen wollen. Nutzen Sie Micro Habits auch ganz spontan für neue Verhaltensweisen, die von Ihnen gefordert werden. Vor ein paar Wochen habe ich zum Beispiel Urlaub in England gemacht. Dabei hatte ich großen Respekt vor dem Linksverkehr, vor allem an Kreuzungen und beim Einmünden in den Kreisverkehr. Spontan kamen mir manchmal meine deutschen Fahrgewohnheiten in den Weg. Ich identifizierte die Complications – Micro-Habit-Schritt 3 – und überlegte mir eine neue Routine – Micro-Habit-Schritt 4. Mir half dabei ein Wenn-dann-Plan: Wenn ich an einer Kreuzung abbiege, dann muss mein linker Arm auf der Seite des Fahrbahnrandes sein.

Wofür auch immer Sie die fünf Schritte einsetzen: Überfordern Sie sich nicht. Es ist nicht empfehlenswert, an mehreren Gewohnheiten gleichzeitig zu arbeiten. Bleiben Sie bei den fünf Schritten, und Sie werden sehen: Micro Habits tragen eine freundliche Kraft der Veränderung in sich. Sie lenken den Fluss Ihrer Energie, Ihrer Verhaltensweisen in die gewünschte Richtung, sodass mit der Zeit ein neues Bachbett entsteht, eine neue Routine sich bildet.

Man sagt so leicht dahin, man könne nichts verändern. Doch Sie wissen es mittlerweile besser. Denn die zentrale Stellschraube können Sie tatsächlich verändern: Ihre Gewohnheiten. Sie haben es in der Hand. Ich wünsche Ihnen viel Freude und gutes Gelingen.

ANMERKUNGEN

1 Nach Charles Duhigg: Die Macht der Gewohnheit. Warum wir tun, was wir tun. Piper, München 2018, Seite 332.

2 Zitiert nach: Nir Eyal: Hooked. Wie Sie Produkte erschaffen, die süchtig machen. München, Redline 2016, Seite 155.

3 www.zeit.de/zeit-wissen/2013/02/Psychologie-Gewohnheiten (letzter Aufruf im Juli 2019).

4 www.dak.de/dak/download/dak-gesundheitsreport-2019-sucht-pdf-2073718.pdf (letzter Aufruf im Juli 2019).

5 www.dak.de/dak/bundesthemen/dak-psychoreport-2019-dreimal-mehr-fehltage-als-1997-2125486.html (letzter Aufruf im Juli 2019).

6 Nach Robert Sapolsky: Gewalt und Mitgefühl. Carl Hanser, München 2017, Seite 96.

7 Auf einem Motivationsvortrag am 31.3.19 im Sportzentrum in Leinfelden.

8 In: Die Psychologie des Gelingens. München: Droemer 2017.

9 Nach Walter Mischel: Der Marshmallow-Test. Willensstärke, Belohnungsaufschub und die Entwicklung der Persönlichkeit. München: Siedler 2015, Seite 99ff.

10 Walter Mischel: Der Marshmallow-Test. Willensstärke, Belohnungsaufschub und die Entwicklung der Persönlichkeit. München: Siedler 2015.

11 Michael Ende: Momo, Stuttgart, Thienemann 1973, Seite 37.

12 Nach Gabriele Oettingen: Die Psychologie des Gelingens. München: Droemer 2017.

13 I. Schymanski: Im Teufelskreis der Lust. Raus aus der Belohnungsfalle. Schattauer, Stuttgart 2015

14 Carol Dweck: Selbstbild. Wie unser Denken Erfolge oder Niederlagen bewirkt München: Piper 2019.

15 Mehr dazu in meinem Buch: Der Feind in meinem Kopf, München, GU 2015.

16 Christine Neff: Selbstmitgefühl. Wie wir uns mit unseren Schwächen versöhnen und uns selbst der beste Freund werden. München, Kailash 2012.

17 Sven Barnow: Gefühle im Griff. Springer, Berlin 2015.

18 Umweltbundesamt: https://uba.co2-rechner.de/de_DE/.

19 Die ZEIT Nr. 12, 2019, Seite 63, Interview, was Jugendliche über die Gewohnheiten der Erwachsenen sagen.